U0113871

Parenting
with
Love and
Wisdom

这样爱你
刚刚好，
我的七年级孩子

朱永新　孙云晓　孙宏艳　主编

蓝玫　副主编　　赵霞　本册作者

湖南教育出版社

编 委 会

编委会主任：朱永新

编委会副主任：孙云晓　黄步高　童喜喜

编委会成员：孙宏艳　刘秀英　李　燕
　　　　　　蓝　玫　洪　明　杨咏梅
　　　　　　田儒钦　李　军　李绍龙

把幸福还给家庭（代序）

父母的教育素养，直接影响甚至决定着孩子的发展。

在教育中，家庭是成长之源。一个人的一生有四个重要的生命场：母亲的子宫、家庭、学校和职场。其他三个场所随着时间改变，家庭却始终占据一半的分量，是最重要的场所。孩子的成长，最初是从家庭生活中得到物质和精神的滋养。人生从家庭出发，最后还是回到家庭。

在家庭教育中，父母的成长是孩子成长的前提。家庭教育不只是简单的教育孩子，更是父母的自我教育。没有父母的成长，永远不可能有孩子的成长。与孩子一起成长，才是家庭教育最美丽的风景，才是父母最美好的人生姿态！抚养孩子并不仅仅是父母的任务，也是父母精神生命的第二次发育。对孩子的抚育过程，是父母自身成长历程的一种折射。如果父母能够用心梳理孩子的教育问题，就能回顾和化解自己成长中出现的问题，就能实现精神生命的第二次发育，再次生长。

过一种幸福完整的教育生活，是家庭教育的根本朝向。"幸福"不仅仅是教育的目标，更是人类的终极目标。幸福教育是幸福人生的基础。新教育实验的理想，就是让人们快乐、自主地学习，真正地享受学习生活，发现自己的天赋与潜能，在和伟大事物遭遇的过程中发现自我、成就自我。教育本来就是增进幸福的重要途径。挑战未知，合作学习，应该是非常幸福的。所以，家庭应该和学校、社区一道，努力创造让孩子幸福成长、快乐学习的环境。把童年还给孩子，把幸福还给家庭，是我们这套教材的核心理念。

"完整"的内涵比较丰富，但最重要的精神就是让孩子成为他自己。现在教育很大的问题，就是用统一的大纲、统一的考试、统一的评价，把本来具有无限发展可能的人变成了单向度的人。我们的教育是补短，就算把所有的短补齐了，也只是把所有的孩子变成一样了，而不是扬每个孩子所长。其实，真正的教育应该扬长避短。人什么时候最幸福？发现自己才华，找到自己值得为之付出一生努力的方向，能够痴迷一件事情，实现自己的梦想，一个人在这时才是最幸福和快乐的。这就是新教育所说的完整幸福。

如今，教育是父母最关注的问题，但家庭教育却在父母的焦虑中常常脱离了正确的轨道。为了"幸福完整"这一目标，我们的父母应该建设一个汇聚美好事物的家庭，自身也应该成为美好的人，从而帮助孩子成为更好的自己。

理念比方法更重要，但并不意味着方法没有价值，相反，只有好的方法才能让好的理念真正落地。因此，我们邀请了知名教育研究机构的相关专家，精心编写了这套新父母系列教材。这是国内第一套从孕期开始直到孩子成为大学生的父母系列读本，希望能够为不同年龄、不同阶段孩子的父母提供蕴藏正确理念的有效家庭教育方法。

父母对孩子的爱，再多也不嫌多。父母如何爱孩子？随着时代的变迁，方法也在不断改变。如何才能更好地爱？我们以"智慧爱"的理念，探索着充满智慧的、恰到好处的爱的方法，对此还在不断研究之中，这套书也会不断修订。希望广大父母读者及时提出意见与建议，让我们一起完善这套书，让我们对自己、对孩子、对世界，都能爱得刚刚好。

朱永新

2017年6月16日写于北京滴石斋

目 录

1

少年正值青春期

1. 认识七年级少年

孩子上七年级以后，父母会发现，孩子忽然一下子长大了。

作家肖复兴写道："儿子上七年级以后，换内裤，要躲在被子里换；洗澡，再也不用妈妈帮助洗，连我帮他搓搓后背都不用了。我知道，儿子长大了。原来拥有的天然的肌肤之亲和无所顾忌的亲昵，都被儿子这长大拉开了距离，变得有些羞涩了。"

进入初中后，孩子步入了成长的快车道，生理和心理上都面临着巨大的转变，这是前所未有的，常常让父母措手不及。归纳起来，七年级少年将迎来五大变化：生理发育步入高峰，大脑神经网络面临重塑，认知能力进入新阶段，自我评价和情绪尚不稳定，社会身份由儿童向少年过渡。

生理发育步入高峰

在少年的诸多变化中，身体发育尤为明显。七年级少年正处于个体生长发育的第二个高峰期，这主要表现在身体外形的改变、内脏机能的成熟、性的成熟三个方面。

七年级少年在外形上逐渐接近成人，他们的身高、体重、外貌等都会发生很大的变化。男孩和女孩发育情况不同。大多数男孩在13岁进入身高生长加速期，14岁达到生长高峰；女孩则大多在12岁达到身高生长高峰，13岁时增长势头缓和，这时大多女孩已长到最终身高的95%。十二三岁是女孩体重的增长高峰，男孩则要稍晚一两年。这一时期女孩臀部悄悄凸起，但脸、颈、肩仍很瘦削；男孩大多上嘴唇两角绒毛的颜色开始变深，下巴、耳朵和鼻子变得突出，一些男孩进入变声期，声音开始变得低沉。

七年级少年的心血管、肺部、肌肉力量都在迅速增长。在青春期开始后，心脏质量增长至出生时的12~14倍，心脏密度成倍增长，心肌纤维更富有弹力，这就为心脏每次收缩时能挤出更多血液创造了条件。七年级少年心率、脉搏开始减慢，血压逐渐接近成人水平，12岁男孩的血压约为14/8.4千帕，脉搏约为84次/分；12岁女孩的血压约为13.6/8.4千帕，脉搏约为85次/分。12岁时，少年肺的质量约为出生时的9倍，肺小叶结构逐渐完善，肺泡容量增大，与呼吸有关的肌肉发育加快，12岁男孩的肺活量约为2007毫升，12岁女孩的肺活量约为1728毫升。

七年级少年性激素分泌增加，性器官发育加速。女孩大约12岁时，阴毛开始生长，十二三岁一般会经历月经初潮。男孩大约12岁时，睾丸增大，随后半年或一年内，阴茎的根部会长出稀疏的阴毛，阴囊也开始发育，开始变薄变暗，阴茎则增长变粗。到十三四岁时，精子开始产生，遗精也在这时开始出现。

少年非常关注自己的身体变化，身体发育会对他们的心理产生很大的影响。是否接纳身体的变化，深刻地影响着他们的自尊和今后的发展。

大脑神经网络面临重塑

12 岁孩子的脑质量已与成人的平均脑重相当，脑的变化主要体现在机能的变化上。随着脑电波的频率加快，大脑两半球之间的联系以及额叶与脑的其他部位之间的联系得以扩展，信息传递更快。同时，脑部不断分化，沟回增多且加深，兴奋过程和抑制过程逐步平衡。

大脑的变化为多种认知技能提供了支持，包括信息加工、注意、记忆、计划、整合信息的能力以及自我调节。

修剪和髓鞘化

"修剪"指的是进入青春期后，大脑中的神经元及突触的数量减少。从胚胎期开始，神经元的数量就在逐渐增加，一直持续到青春期前（女孩 11 岁左右，男孩 12.5 岁左右）。在此期间，神经元和突触连接会过度生长，过于丰富。孩子十一二岁时，突触生长达到顶峰，此后，大脑开始了"修剪"的过程，过量的突触连接被修剪掉，留下常用的连接。青少年的经历决定着哪些神经回路会被修剪掉，即"用进废退"，越常使用的回路会变得越强大，而不经常使用的回路在青春期时更有可能被修剪掉。

"髓鞘化"是指大脑在神经元的主要连接部分包裹上一层脂

肪膜（即髓磷脂）。它的作用是将脑电信号维持在神经通路中，并提高它们的传输速度，使得信息更快、更同步地传递。很多父母发现，上初中的孩子能够更长时间地把注意力集中在感兴趣的事情上，这就是高级大脑中枢髓鞘化的结果。

认知能力进入新阶段

随着大脑的发展，七年级少年的思维进入新的阶段。一个明显的变化是能够抽象地思考问题。皮亚杰将这一阶段称为"形式运算阶段"，大约从 11 岁时开始。

七年级少年的创造性思维和批判性思维有所增强。他们兴趣广泛、思维活跃，有强烈的求知欲和探索精神，喜欢幻想，在生活、学习和课外活动中都有强烈的创造欲望。他们思维的批判性明显增强，不愿意轻易接受别人的意见，对别人的意见经常持过分怀疑和批评的态度。他们喜欢利用抽象的推理来找出别人解释中的漏洞，因此，父母会发现，孩子变得更喜欢争辩了，对父母和老师的缺点也变得更加敏感、挑剔。

七年级少年的思维具有矛盾性，体现出半成熟、半幼稚的特点。他们尚不能全面、辩证地分析问题，在思考问题时容易钻牛角尖，经常被事物的个别特征或外部特征困扰，难以深入事物的本质。

七年级少年的信息加工能力也在不断提高。他们的注意稳定性有所增强，能较长时间稳定地集中注意某个内容，注意力保持 45 分钟已无困难。注意的广度比小学时也有所增加，注意分配和注意选择能力更强，能够更好地将注意力分配到不同的任务上。七年级少年能够运用假设、检验假设，开始具备各种逻辑推理能力，但水平还比较初级。

自我评价和情绪波动较大

孩子上初中后，与父母疏远了，不再黏着父母，喜欢一个人躲在房间里。有的父母觉得孩子似乎变得孤僻了，不由得有些担心。事实上，这只是因为孩子的大部分身心都沉浸在对自我的认识和探索中。

一系列关于"我"的问题常常萦绕在七年级孩子心中："我到底是个怎样的人？""我的特征是什么？""别人喜欢我，还是讨厌我？"等等。由于经常沉浸在自我反思中，他们看上去好像把自己封闭起来。

七年级少年的自我评价很不稳定，一天当中他们对自己的感受会忽上忽下，他们时而认为自己善解人意，时而觉得自己喜怒无常，时而觉得自己魅力无穷，时而又嫌弃自己不够漂亮，这让他们迷惑，也让他们更迫切地想认清自己。

七年级少年往往内心敏感，但在情感方面变得不再完全外露。他们的身心正在经历着巨大变化，消极情绪急剧增加，这令他们与父母的矛盾和冲突增多，或者毫无理由地对父母发脾气，或者对父母百般挑剔，令父母头痛不已。学会认识自我、管理情绪是七年级少年必须面对的功课，需要父母正确地引导和疏导。

社会身份由儿童向少年过渡

大多数孩子在升入初中的时候，会感到自己终于不再是儿童，而是少年了。这种社会身份的变化对他们的影响，丝毫不亚于生理和认知变化所带来的影响。

"少年"这个词，代表了很多美好的事物，青春、理想、自由……这一切令人向往，令人踌躇满志。升入初中，成为初中生，这是一个新的开始，有些孩子第一次住校、第一次离开家，这些事情都会让他们觉得自己长大了。

社会身份的变化伴随着独立性、责任感和权利的变化。七年级少年渴望在很多方面享有与大人同等的权利，同时，他们也被要求承担更多的责任，从而发展起与年龄相适应的自主性。

在情感上，七年级少年对父母的依赖会减弱，转而向朋友寻求情感依赖，他们也不再把父母看成全知全能的人，而是和自己一样的普通人。在行为上，七年级少年渴望自己做决定，希望保有自己的秘密。少年对自主性的追求，可能会经常引发他们与父母的争吵，需要父母主动对亲子关系和教养方式做出调整。

2. 揭秘青春期

七年级少年正处在青春期，这是一个告别幼稚、走向成熟的时期，是儿童期与成年期之间的过渡阶段，也是一个生理的、心理的、社会的和经济上的过渡阶段。在这个阶段，年轻人的主要目标，是为承担成人角色及责任做准备。

七年级少年属于青春期早期

很多父母可能会疑惑，青春期究竟是从什么时候开始，到什么时候结束。事实上，关于青春期的范围有很多种不同的说法，从不同的角度看有不同的标志。

比如，在生理上，生长加速是进入青春期的标志，开始具备性繁殖能力是青春期结束的标志。在情感上，青春期从与父母疏远开始，以获得独立的自我同一性结束。在认知上，高级推理能力显现标志着青春期的开始，高级推理能力的巩固标志着青春期的结束。在教育上，进入初中通常标志着青春期的开始，高中或大学毕业标志着青春期的结束。在人际关系上，进入青春期后，孩子的兴趣开始从与父母的关系转移到与同龄人的关系上，直到发展起与同龄人保持亲密关系的能力。在社会适应上，进入青春期后，孩子开始为成人后的工作、家庭和公民角色接受训练，直到参加工作或结婚，完全获得成人的地位和权利。每一种划分标准关注的是青春期发展的不同方面，父母在理解孩子的发展时，可以整合这些不同的视角，从而获得更为全面的认识。

青春期是一段长达约 10 年的时期，由一系列阶段组成。通常，10~13 岁是青春期早期，14~17 岁是青春期中期，18~22 岁是青春期晚期。按照这种划分，七年级少年属于青春期早期。

青春期特征具有两面性

在当代社会中，我们对青少年的认识比对儿童的认识要少得多，对青少年的误解和成见则要多得多。在不少父母眼中，青春期与"叛逆""不听话""骚动""令人头痛"等标签画等号。但青少年的内心世界和行为表现，并不像父母所认为的那样充满压力和对抗，所谓的青春期"风暴"也远没有人们想象的那么可怕。

事实上，青春期具有的大多数特征都利弊参半，发掘其积极意义，父母便能帮助少年把青春期潜在的消极方面转化为积极的成长。

比如，进入青春期后，少年的情绪往往变得非常强烈，这会导致他们冲动、情绪化，对父母出言不逊，甚至做出极端行为。但是，强烈的情绪也有有利的一面，少年可以在强烈的情绪中更清晰地感知自我，了解自己的好恶。强烈的情绪也让生活充满活力和激情，让少年对一切都充满兴趣，使他们更主动地参与到学校和社会生活中。

再如，青少年强烈地渴望新奇事物，这一方面驱动着他们寻求刺激和冒险，使他们很容易被刺激的体验和快感所吸引，而不去注意或低估可能存在的风险与伤害。但另一方面，对新奇事物的探索，让青少年勇于打破陈规，质疑现状，用更有创造性的方法来解决问题，使青春期成为人生中最富勇气和创造力的阶段。

青春期对父母有特别的价值

提起孩子的青春期，父母通常会将其视为"麻烦的阶段"，希望能够尽快熬过去。然而，不论父母是否愿意承认，青春期孩子的很多方面正是父母渴望的状态。有创造力的生活、有无限可能的未来，甚至强烈的快乐或悲伤，少年身上的这些特征让他们的生命充满生机和活力。而父母大多人到中年，正面临渐渐丧失活力的危机。如果父母能从少年身上看到自己缺失的东西，以开放的心态和宽广的胸襟向他们学习，则可以令生命持续焕发光彩。

当青春期遇上中年期，带来的不仅是冲突，也是碰撞；不仅是压力，也是动力。父母不妨以青春期的孩子为镜子，向少年学习，与少年并肩同行，在支持他们走向独立的过程中，也让自己的生命感染青春期的力量，过上积极的生活。

3. 调整家庭系统

对家庭而言，孩子上初中后，家庭关系也将步入变化和重组时期。全面理解家庭关系的转变，必须同时考虑少年、父母及家庭系统的特征。

父母面临新选择

一般来说，当孩子上七年级时，父母的年龄已是 40 岁上下。40岁通常被认为是中年期的开始，"人到中年"有特殊的含义。

对大多数人来说，40 岁时，人生开始步入辉煌时期，各个方面正处于人生的较佳状态，智慧、能力、工作地位以及经济状况都处在上升期。然而，责任和压力也迎面扑来。"上有老，下有小"是普遍的生活状态，而健康状况、体能和创造力则走上了下坡路，40 岁的人开始为自己的身体感到担忧。对于未来，"人到中年万事休"的想法让不少人陷入焦虑和恐慌，许多人也必须面对早年抱负和现实成就之间的差距。

面对十二三岁的少年，父母的心态往往与少年的心态形成极大的反差。少年正处在人生的快速上升期，而父母似乎已望到顶峰，甚至在某些方面已开始下降；少年展望未来，无限丰富、精彩，而父母未来的可能性正变得越来越有限；少年急切地渴望获得成人的身份和地位，而这似乎意味着家庭中父母地位的削弱。

40岁的父母面临人生新的选择，要么继续向前，持续探索自我和世界，将人生过得越来越丰富；要么停滞不前，固步自封，人生道路将越来越狭窄。正视自身的变化，端正和明确生活的态度，以开放的心态看待自己、孩子和世界，是中年父母成功教育、影响孩子的前提。

家庭系统需重建平衡

家庭是一个系统，家庭系统由许多子系统组成。在由父母和一个孩子组成的家庭中，子系统就是母亲和孩子、父亲和孩子、父亲和母亲三种系统关系。在非独生子女家庭或几代同堂的大家庭中，家庭系统有更为复杂的子系统网络，包括家庭成员两两之间的关系，也包括三人或三人以上各种可能的关系组合。

家庭系统有两个重要原则。第一个原则是：每个子系统会影响家庭的其他子系统。例如，父母之间冲突不断，不仅影响他们之间的关系，也会影响他们各自与孩子之间的关系。第二个原则是：任何家庭成员或家庭子系统的变化都会造成一段时间的不平衡，直到家庭系统适应了这种变化。

因此，当孩子进入少年期，父母进入中年期，家庭系统出现扰动、失衡是正常的、不可避免的。灵活地调整教养方式来适应亲子各方的变化，恢复家庭系统的平衡，是对父母智慧的考验。

父母角色需要转换

在孩子的婴儿期和儿童期，家庭的功能和职责是相当清晰的：养育、保护和社会化。当孩子步入少年期后，这些功能虽然仍然重要，但少年更需要的是支持，而不是养育；是指导，而不是保护；是指明方向，而不是社会化。

对七年级少年来说，少年期的一切都处在转折当中，生活充满了不确定性。但是，这又是他们生命中一个非常重要的时期，他们非常需要父母的指引以安然度过转折期，并获得成长。因此，当孩子由小学进入初中，由童年期步入少年期，父母需要转换角色，做好顾问和引路人。

亲子关系至关重要

孩子升入初中后，家庭关系极易陷入紧张。这是因为，家庭关系正在经历从上下关系到平等关系的巨大转变。七年级少年在强烈的"成人感"驱使下，渴望在家庭中获得更多的权利，而父母往往还未能对此做好足够的准备，家庭冲突由此而生。

青春期时有一股自然的力量会让少年变得独立起来，与父母渐渐疏远，但是，他们依然会从与父母的亲密关系中获益。正如迪帕克·乔普拉所言："爱如同水一样，若不流动，就会停滞不前。当爱流动起来，成长的愿望就会接踵而来。"孩子进入初中后，需要父母持续的关爱，以支持他们沿着自己的成长道路一步步走向成熟。

七年级少年希望他们与父母之间既有亲密感，又能保持心理上的自主性。他们希望的亲子关系是温暖的、稳定的、充满爱意和关怀的，同时父母又能给予他们提出自己意见的自由、隐私自由、自己做决定的自由。

七年级孩子的家庭教育应该通过建立良好的亲子关系来实施，而不是通过言语来实施。父母对少年的教育应当通过示范而不是劝诫，通过行为影响而不是道德教条。父母只有与孩子保持良好亲密的关系，才能有效地教育和影响孩子。

回顾与思考

1. 七年级少年的认知能力有哪些新发展？

2. 结合本章内容，梳理自己孩子青春期的两面性。

3. 孩子进入初中，父母角色该做出怎样的调整？

2

第 二 章

帮助少年适应身体新变化

1. 外貌成为关注的焦点

一有空就去照镜子，洗头比以前勤了，非常在意自己的衣着，怎么看怎么对自己不满意……如果父母看到孩子出现这些情况，那么你就应该明白，孩子的"青春期"真的到来了。其实，青春期早已开始，小学五六年级时，孩子的身高和体重已经开始加速增长，第二性征也悄然发育。但是，青春期发育对行为和心理的深刻影响，从七年级开始变得更为明显。

外貌是自我认识的重要成分

七年级时，孩子对外貌的关注似乎突然觉醒。

他们能够清楚地意识到，自己的身体正在不断地发生着变化。他们仔细观察身体的每一个变化，也会对此作出判断和评价。他们会把自己与同伴相比较，并因比较的结果而感到高兴或苦恼。他们更加关心自己是否有吸引力，在乎自己在他人眼中的形象。

身体日新月异的变化，带给了少年新奇的感受，也会给少年造成许多困扰。站在镜子前，少年看到的是一个熟悉又陌生的自己。

大多数少年认为自己长得还不错，但有些孩子对自己的容貌和身材则非常挑剔，"我是不是长得太胖太矮了""脸上的痘痘怎么这么明显""我的鼻子不会一直这么大吧"……

其实，外貌是自我认识的重要成分。心理学家库利指出：我们在镜中看自己的脸、身材和服饰，我们之所以会对镜子中的映象感兴趣，是因为这些映象总是我们自己，并且我们会因这些映象是否符合我们的期望而产生满意或其他心情。由此可见，透过镜子中日渐成熟的身体，七年级少年的自我认识也将进入一个新的阶段。

对外貌敏感是社会认知发展的结果

与儿童相比，七年级孩子会出现所谓"自我中心"的认知缺陷。这种缺陷会创造出一个时刻关注着他们的"假想观众"，让他们感觉自己像站在舞台上，并认为自己是舞台上的主角，其他人作为观众都在看着自己。

比如，额头出现一颗小痘痘，或者在学校发现裤子上沾了一滴油，都能让他们紧张一天，担心别人笑话自己。成年人经历这些事并不会有多大影响，但在七年级少年看来，这些经历非常糟糕，令他们苦恼，因为"假想观众"让他们以为，每个人都知道他的这些糗事，并会长时间记住。

很明显，由于对社会认知的发展尚未成熟，七年级少年夸大了周围的人对他们感兴趣的程度。因为他们非常关注自己的身体，他们就会错误地以为其他人也正在看着他们，正在评价他们。对外貌的敏感，很大程度上是由孩子所处的人生阶段的特殊性所决定的，父母对此不必过分忧虑。

外貌与自尊息息相关

当一个孩子还是牙牙学语的婴儿时，人们就会对他的外貌做出评价和反应。进入初中后，少年的体貌特征发生了巨大的变化，更加容易引起他人的注意或评价："你长高了""你最近是不是长胖了""你怎么还是个小不点啊"……正是从别人对自己的评价中，少年形成了对自我的认识和评价，并形成了与之相关的自尊。

小贴士

美国心理学家哈特对青少年的自尊进行了深入细致的研究，总结出与青少年关联最为密切的八个领域，分别是：学业能力、社会认可、运动能力、生理外貌、工作能力、爱的吸引、行为操守、亲密友谊。在这八个方面中，生理外貌与自尊的关系最密切。

少年的自尊很不稳定。心理学家西蒙斯发现，青少年自尊的波动最可能发生在 12~14 岁。相较于其他年龄的孩子，这一年龄段的孩子可能每时每刻都会经历自尊的变动。

他们的一天可能是这样的：一大早因为头发怎么梳都是翘起的，

感觉自己很糟糕；然后去上学，在课前和朋友有说有笑，又感觉自己很不错；上课后，发现数学测试分数很低，又感觉自己一无是处；然而，偷偷喜欢的女孩不经意的一个微笑，又让他们感觉自己好极了。

每一位父亲或母亲都应该成为孩子的一面镜子，帮助孩子保持自然美好的外貌，引导孩子积极接受自己的外貌，喜欢自己，悦纳自己，建立自尊。

小贴士　高自尊与低自尊

高自尊的孩子能意识到自己的优点，也能看到自己的缺点并希望能克服它，对自己的性格和能力感到满意。而低自尊的孩子不太喜欢自己，他们总是纠结于自己的缺点而忽视自己表现出的优点。

"外貌至上"会带来不良影响

小莉是一名 13 岁女孩，在大半年的时间里，她疯狂减肥，白天基本上不吃米饭，晚上只吃一个苹果。半年时间小莉从 70 斤瘦到 47 斤左右，结果患上了神经性厌食症。疯狂减肥的原因是有同学跟她开玩笑说，如果再瘦一点儿，她会更漂亮，而小莉的妈妈也随口说她"肥嘟嘟的"。小莉说："同学都觉得我胖了，我本来就很难过，没想到妈妈也说我'肥嘟嘟的'，让我更受打击，这才下狠心减肥的。"

同学的玩笑、妈妈的无心之语，不经意间就演变成了悲剧。对外貌的特殊关注，原本只是七年级少年的发展特点，然而，在"外貌至上"的不良风气影响下，七年级少年对外貌的关注也可能走向极端，导致严重的发展问题。

一些七年级女生开始化妆，书包里粉底、眉笔、眼线笔、睫毛膏等样样齐全。男生则开始担心自己是不是能够长高。少男少女们普遍觉得自己应该减肥，即使他们已经很瘦了。他们甚至认为自己就是因为不够美、不够瘦、缺乏吸引力，所以才在同学中不受欢迎。这种扭曲的外貌关注，不仅会让孩子对自己不满，感到抑郁，还有可能导致他们采取不健康的体重控制方法，这会严重损害他们的身体，甚至引发神经性厌食症和暴食症等饮食障碍。

一些孩子之所以在"外貌至上"的冲击下缺乏抵抗力，父母可能扮演了推波助澜的角色。有的父母在孩子很小的时候习惯评论他们有多漂亮或者多帅气，让孩子学会了从身体和外貌中寻找自我价值感。有些父母本身就是盲目减肥一族，一谈到能变漂亮就什么都愿意尝试，包括节食、喝减肥茶、按摩减肥等，这就难保孩子不会有样学样了。

小贴士　神经性厌食症和暴食症

这是两种在青春期时容易发生的饮食障碍。患神经性厌食症的青少年，会对体重增加表现出强迫性的焦虑，拒绝保持正常的体重，拒不承认体重过低带来的危险。患暴食症的青少年会暴饮暴食，在短时间内吃掉大量的食物，然后再通过自我强迫性的呕吐、过度运动或服用泻药来避免体重增加。饮食障碍的初次出现一般在 12 岁到 26 岁，高峰期为 14 岁到 18 岁。

制造机会，与七年级孩子谈论美

七年级少年对外貌的关注，是对美热烈追求的开始，也是他们审美观发展的重要契机。进入青春期之后，由于自我意识的增强，孩子的审美观会与父母的审美观发生冲突，这是很自然的现象。在尊重彼此、包容分歧的基础上，父母可以寻找一些与孩子交流审美的机会。

比如，和孩子一起看电视、电影，谈论明星、偶像或其他公众人物的着装、妆容等，和孩子分享这些愉快的话题，悉心地教导孩子在不同场合如何做才是合乎礼仪的，自然而然地给他们以积极的引导。

再如，带孩子一起去选购衣服。七年级孩子大多希望能够按照自己的意愿穿衣打扮，在孩子选购衣服时，父母可以为他们提供建议，但不能强迫，更不能嘲讽他们的审美和品位。即使孩子表现出尝试怪异着装的意愿，父母也不必大惊小怪，这是他们学习必经的过程，粗暴地干涉可能会阻碍他们审美观念的健康发展。

当然，父母也不用无条件赞同孩子的喜好，可以坚持自己的看法，但在做决定时，父母应该做出适度的让步。孩子的审美越是受到尊重，他们就越容易建立自尊，成长为懂得欣赏美、会创造美的阳光少年。

追求健康美，从父母做起

要想帮助孩子建立以健康为核心的审美观，需要父母以身作则，经常反思自己是否也在不自觉地为"外貌至上"做宣传。

在家里，父母不要总是谈论对自己身体不满意的感觉，也不要拿容貌去评价他人。如果父母一边告诉孩子"能力比外貌更重要"，一边又评论亲戚家的孩子"长那么胖怎么能找到男朋友"，孩子的审美观怎么可能不扭曲呢？父母平时要注意自己的言行，将评价的关注点转向健康的体态、恰当的礼仪、丰富的个性美以及卓越的人格魅力。

如果父母自己想要瘦身，那么就多去运动，如游泳、散步、骑车、慢跑，以消耗更多的热量。并且运动也会使您感觉更好更放松。

尽量全家人一起吃饭，但不要把吃饭当作问题来谈论。当孩子吃得太少或太多时，尽量不要作任何评论，而是通过提供不同的食物来进行调节。

留心孩子对自己的消极评价

台湾有一个中学生，因为自己身材矮小没能当选旗手而耿耿于怀。这个男孩的父亲非常智慧，他除了安慰儿子之外，还和儿子一起讨论他有哪些方面是非常厉害的，结果儿子就提到某次体育课，老师说他是班上跑得最快的人。这位爸爸接着就提点儿子说跑得很快是他的优点，然后两人一起"脑力风暴"跑得快有什么好处，儿子说着说着就开心起来了。

父母要留心孩子对自己的消极评价，但简单地否定孩子对自己的评价，不会有什么作用，要帮助孩子找到他好的方面，如他的优点，他的与众不同之处。将这些说出来或者写下来，都能让孩子对自己的优点和特点更明确。要让少年对自己的身体有清楚、实际的认知，接纳自己与生俱来的特点，欣赏它，并对此充满信心，也理解身材、相貌并不影响人格、品德、知识、能力和价值观。在此基础上，孩子将发展出更全面的自尊。

减少对孩子先天不足的批评

据一位母亲回忆，当她还是少女时，妈妈对她说，她的小腿太粗了，穿裙子不好看。几十年过去了，那句话仍然无法从她的心里抹去。就算她知道那只是妈妈一句无心的话，就算她知道那句话可能是对的，但妈妈那种挑剔的态度仍然让她感到冷漠，难以释怀。

父母不经意说出的话，甚至是玩笑，都有可能会对孩子造成巨大的伤害，在孩子心中埋下自我怀疑的祸根。青春期的少男少女对批评的敏感程度，可能是很多成年人无法想象的。少年们通过别人的评价来认识自己，时常数落他们，不仅令他们怀疑自己，更会让他们因为辜负了父母而心生内疚，这种感觉会深深地伤害他们的自尊。

这并不是说父母完全不能批评孩子，而是要更加谨慎，少批评那些孩子天生的、难以改变的事情，比如外貌、身高、智商等。批评应该是针对孩子的行为，而且尽量每次批评只针对一种行为。

2. 迎接女孩成长的里程碑：月经

大多数女孩会在七年级迎来她人生中的第一次月经，这是女孩成长中的一个里程碑，令她们印象深刻。是否对月经初潮有所准备，对女孩的心理适应会产生很大的影响。如果父母能够帮助孩子正视月经周期所带来的身体的美妙变化，那么孩子就有可能对月经的来临抱着更欢迎与释然的态度。

初潮时间有早晚

根据我国 2010 年的调查数据，女孩初潮年龄平均为 12.35~12.59 岁，也就是说，我国女孩月经初潮的年龄大约在十二三岁。有的女孩早一些，在 10 岁左右就来初潮，而有的女孩则到十六七岁才来初潮，而这两种情况都可能是正常的。

青春期启动的时间主要是基于遗传因素，母亲的月经初潮年龄对预测女儿的月经初潮年龄有很强的参考性，如果母亲的初潮来得晚，女儿的初潮多半也来得晚。环境因素可能会激发更早的青春期，比如，家庭关系破裂、未与父亲共同生活、母亲严苛的教养方式等，都可能导致女孩的月经初潮较早出现。

从全世界来看，当今女孩的月经初潮年龄普遍提前了，大约比一百年前女孩的初潮年龄提前了两到三年，营养好和医疗条件的进步是导致发育提前的最主要原因。

身体内部变化有规律

七年级女生的月经周期还很不规律，有的人甚至相隔半年才会有第二次月经。刚开始时，女生经血量变化也很大，两次月经间隔时间越长，出血量越大。一般来说，身体需要一段时间的自我调整，大约一或两年后，女生月经才能趋于稳定，变得有规律。所以，不管七年级女生的月经间隔时间是长是短，经血量或大或小，都不必为此不安和担忧。

女性的生理进程是有节奏的，并且是周期性改变的，虽然七年级女生大多对此还没有太多感受，但她们将在不规律中慢慢找到自己的规律。

小贴士　经血

经血不只由血液组成，其中一半成分是黏液和纤小黏膜片。所以大多数情况下经血也不是鲜红色的，而是带点褐色。每次经期大约会排出50~80毫升的经血，并不像很多女孩自己认为的那么多。

心理反应千差万别

七年级女生晓琳这样描述自己对月经初潮的体验："半年前我第一次来月经。我没觉得特别惊讶，因为之前我已经知道一些，妈妈和姐姐告诉过我该如何准备。姐姐说她来月经时下腹很痛，但我没什么感觉。过了快两个月，才来第二次，我还以为自己生病了。我的一个好朋友现在还没来，她有点紧张，老说自己怎么还不来。"

据调查，对月经初潮，我国女孩的主要心理体验依次是害羞、恐慌、新奇、无所谓，其中 68% 的人感到害羞和恐慌。西方的研究也表明，女孩对月经初潮的反应既有积极的感受，也有消极的感受。

月经初潮带来的影响取决于女孩对此是否有所准备，是否具备相应的知识。像前面提到的晓琳，她已经从母亲和姐姐那里获得了有关的信息，所以适应得比较好。而有些女孩就没这么幸运了，没人告诉她们该如何准备，第一次来月经时，她们甚至不敢告诉父母，恐慌成为其主要的记忆。

留意初潮的信号

对女孩来说，最困惑的就是不知道第一次月经什么时候会来。这似乎是个神秘的事，但其实还是有迹可循的。当女孩的乳房开始发育，阴部长出阴毛，那么稍晚就会迎来初潮了。白带是性成熟的预兆，或多或少，如果白带是褐红色的，说明女孩很快就要来月经了。

在这个时候，母亲最好让女儿对即将发生的情况做好心理准备。最重要的是向她解释，她的身体正在发生着什么，告诉她，这是一个生理成熟的自然过程，并让女儿知道你为她的成熟感到高兴。

对等待初潮的孩子给予心理支持

对七年级女孩来说，即使初潮迟迟不来，一般情况下，也不必从生理上担心这个问题。母亲可以多关注女儿身体上的变化，只要她身体健康，并随着年龄增长在不断发育，那么在 16 岁之前来初潮都是正常的。

如果孩子班上的其他女同学都来月经了，只有她一个人还没来月经，那么她可能还需要一些心理上的支持。母亲可以跟女儿分享自己月经初潮的经历。如果女儿知道"我妈妈的情况和我差不多"，这将对她接受自己的情况大有好处。不过，前提是母亲本人的经验是正面的，有益的。如果母亲关于月经有过不愉快的经历，最好不要告诉女儿，更不要用剧烈的疼痛来吓唬她。

记录月经的规律

七年级女孩对月经还有一个很现实的担心：如果月经来潮时经

量很大，而自己却没有准备该怎么办？刚来月经的女孩害怕这种不可预测性，并且不能控制它。

消除女孩的这种恐惧，母亲要让女儿知道：大多数情况下，在来月经之前，都有些迹象，可以学会了解这些迹象。比如，头发可能油腻得很快，皮肤上会长出小痘痘。要让女儿不对经血弄脏了衣物、床单感到羞愧，告诉她类似的情况在每个女人身上都会发生。

为了对月经周期有一个了解，母亲可以建议女儿做一个月经日历或写月经日记，也可以用电脑或手机上的经期助手 App 来记录。需要记录月经开始的时间、每次月经的持续时间、从上次月经到这次月经的间隔天数，还可以记录感觉到的那些经期伴随现象，比如做了什么，什么使她不安，她有何感受。

掌握经期内保养身体的正确方法

七年级女孩常常会因为担心月经时身体有异味而感到尴尬。母亲要让女儿知道，问题并不像她们想象的那样严重，大多数情况下，别人根本闻不到她身上的异味。

其实，经血本身并无异味，当经血在空气中腐臭，才会产生异味。所以，女孩应该定时更换卫生巾，如果感觉有必要，可以多洗几次澡。

不要为了遮盖异味使用带香味的喷雾、肥皂或洗液，也不要让肥皂泡或其他化学洗液进入阴道，因为这样会破坏阴道内膜的天然

保护层，使阴道容易感染上疾病。

痛经有生理原因也有心理原因

月经不仅是一个生理事件，更是一个社会文化事件，其中包含了特殊的意义。女孩从父母、老师、朋友及其他人那里获得的特定信息，会影响她迎接并经历月经的方式。当今人们虽然从生理上对月经已经有了更清楚的了解，对月经的态度也没有过去那么消极，但在观念上还是隐藏着许多或大或小的歧视。有些女性认为月经是羞于启齿的；有的抱怨连天，叫苦不迭；还有人认为应该对月经视而不见，不让其在心理和生理上有任何表现。有时候人们说"她来'大姨妈'了"，这句话代表"她疯了""她不正常"。这些观念会在无意识中传递给孩子，有些女孩也下意识地把月经视为糟糕的事情和不请自来的大麻烦，把它与剧烈疼痛和情绪变动联系在一起。

研究发现，在月经初潮前对月经怀有强烈成见的女孩，往往对月经有更为严重的不适感。因为她们预期不好的东西就要到来，而这种预期影响了她们的感觉，导致了疼痛。

学习痛经的应对技巧

对月经尚无规律的七年级女孩来说，痛经会让她们觉得受到了不同寻常的生理和心理伤害，严重影响她们的学习与生活，需要父母的特别关怀。

母亲可以告诉女儿一些缓解疼痛的方法。比如，下腹剧痛时，喝杯热水、洗个热水澡或按摩小腹都会有所帮助。休息一两个小时或者和朋友聊聊天，也有助于孩子度过痛经的几天。

小贴士　减轻痛经的放松运动

试试下面这两个练习：（1）平躺在床上或地毯上，将两个膝盖轮流拉向前额，同时深呼吸，直至疼痛减轻。（2）手脚着地趴在床上，抬起屁股和骨盆高过肩，保持这个姿势一分钟，然后放松，休息一会儿再重复做。

3 迎接男孩成长的里程碑：遗精

男孩第一次遗精的年龄一般比女孩初潮出现的年龄晚两年左右。相对于月经初潮对女孩的影响，遗精给男孩造成的影响似乎要小得多。但事实上，这是因为我们对青春期男孩的关注比女孩要少得多。让七年级男生提前对遗精有所了解和准备，会有助于他们的心理适应。

性发育遵循特定的顺序

遗精是指在非性交状况下的射精，男孩首次遗精是其身体发育走向成熟的标志。根据我国 2010 年的调查数据，男孩初次遗精的年龄平均为 13.97~14.08 岁，也就是说，大多数男孩要到八年级时才会经历初次遗精。但由于个体发育差异很大，有些男生可能在七年级甚至小学高年级就开始遗精。

与女孩在 10 岁左右就开始进入性成熟期不同，男孩的性发育要晚两三年，大约到十二三时，性成熟才开始。男孩大约 12 岁时，睾丸增大，随后半年或一年内，阴茎的根部会长出稀疏的阴毛，阴囊也开始发育，开始变薄变暗，阴茎则增长变粗。到十三四岁时，精子开始产生，遗精也在这时开始出现。

遗精是成长中的自然现象

一般而言，首次遗精是男孩的身体发育达到了一定的成熟水平时，阴茎因受性刺激（比如与异性接触、看到报刊影视中与性有关的内容等）、体温上升和运动等因素影响而射精。在男孩的成长过程中，这是极为自然的现象。

遗精的发生是男孩体内性激素变化的结果。青春期男孩体内的雄性激素水平明显提高，在睾丸、精囊、前列腺、尿道旁腺等组织器官相互作用下，不断产生精液。当精液量超过附睾精囊储存限度时，就会反射性地引起射精，使精液从尿道溢出体外，这时遗精现象便不可避免地发生。

遗精常常发生在夜间。少男们可能在早上醒来发现内裤上有脏点，也可能会回忆起一个非常冲动的梦。发生在睡眠做梦过程中的遗精被称作梦遗。梦遗是一种正常的生理现象，对身体没有伤害。

父亲要承担起儿子性教育的责任

在家庭中，母亲往往承担了孩子的主要教育责任。但对七年级男孩身体发育方面的教育，父亲责无旁贷。父亲有自己的亲身经历，在交流的时候能够跟儿子分享自己的经验。如果是母亲给儿子讲遗精，会让上七年级的儿子感觉尴尬。离异家庭中，如果母亲带儿子，可以请孩子的父亲或一名男性亲属来帮助家中的男孩。

父亲可以主动向儿子解释什么是遗精，勃起是怎么回事，并自然大方地回答孩子的疑问。也可以为孩子准备相关书籍，让他查找相关资料来解决自己的困惑。重要的是，要让男孩知道遗精是正常现象，父母为他长大成人感到高兴。

生殖器官需要精心护理

男性生殖器官的护理是比较简单的：每天用温水清洗阴囊、包皮和阴茎。小心地把包皮还原，使龟头裸露出来，然后用温水清洗此部位。因为包皮下面环绕龟头的部位经常会产生一些叫作"阴茎垢"的白色物质，这种白色物质可能引发传染病，因此每天清洗很有必要。在清洗生殖器时，最好不用任何清洗剂，每天早晚各清洗一次，最后可以用干净的毛巾把阴茎擦干。

父亲还需告诉儿子遗精后的卫生处理：遗精后要及时擦拭；遗精后会有少量精液残留在尿道里，最好去厕所小便，使其及时排出；及时用清水清洗外生殖器，以保持外生殖器的清洁，并换上干净的内裤；随即清洗内裤，并把内裤里层朝外放在阳光下晾晒，达到杀菌防菌的效果。

责任感的教育必不可少

男孩遗精后，就意味着身体开始产生精子了，具备了生育能力，如果与女性发生性行为，就可能使女孩怀孕，这是这个年龄的男孩不能够承担的后果。父亲要让男孩意识到自己的责任，面对青春期的性冲动，需要三思而后行，做对自己和他人负责任的事情。

回顾与思考

1. 就孩子感兴趣的话题（比如明星、绘画、影视等），与孩子探讨什么是美。探讨中，注意结合本章内容引导孩子树立健康、积极的审美观。

2. 母亲主动和七年级女孩讲讲生理发育期身体将会发生的变化，缓解女孩的心理压力。

3. 父亲教七年级男孩生殖器护理的小知识，并对其进行责任感教育。

3

引导少年迈上学习新台阶

1. 平稳度过入学适应期

七年级新生的入学适应涉及学习、校园生活、人际关系以及心理等多个方面。由于学习是学校生活的核心，七年级新生的学习适应就成为入学适应的关键。

新鲜感与紧张感并存

新鲜感和紧张感并存，是七年级新生最明显的特征之一。面对新的校园、新的老师和同学、新的学科，七年级少年会产生前所未有的新鲜感。这种新鲜感使他们对初中生活充满好奇和憧憬，他们渴望马上融入新的学习和生活，幻想在新学校成为一个学习好、受欢迎的人。

但随着新鲜感的消退，新的生活又会使他们产生紧张感。新的作息时间使生活节奏加快；小学时的好朋友逐渐疏远，中学的老师不再像小学老师那样事无巨细地关心自己；学科增多，学习内容加深，作业量加大；等等。这一切会使他们产生强烈的紧张感。

学习适应呈V形趋势

一位七年级男生的父亲这样描述儿子的状态："我儿子升入初中快两个月了，但好像还没有找到初中生的状态。其实，他上小学那会儿，学习成绩相当不错。但上了初中之后，就像变了一个人，经常不交作业，学习成绩就不用说了。我知道初中要学的科目多，想给儿子报辅导班，专攻他的弱项，他却很不乐意。"

这名男生的情况并不少见。国内的一项研究发现，七年级新生的学习适应总体呈 V 形趋势发展，即入学后第一个月没有明显的不适应感，入学后两个月左右适应感明显降低，四个半月后又会有所好转。

这是因为开学之初的学习内容相对简单，学习任务较轻，学习竞争程度低，再加上新鲜感带来的进取心和求知欲，因而刚入学时，七年级学生基本上没有不适应感。但随着更大的学习挑战降临，老师对自主学习的要求提高了，以往的学习方法渐渐不再适应初中学习。此时，不少学生会产生上课无精打采、作业拖拖拉拉、学习兴趣丧失等现象，即所谓的"新生综合征"。

因此，孩子刚上初中的前两个月是入学适应期，需要父母特别关注。

入学适应是学习成绩分化的开始

据调查，重点学校初中入学考试前 10 名的学生，一年后只有一半的人能进入班级的前列。普通中学的情况也差不多，入学考试语文、数学前 10 名的学生，一年后保持领先的不到一半。与此相反，升学考试时成绩倒数 10 名的学生，一年后，重点学校有 90%、普通学校有 70% 的人赶了上去，只有小部分人还处在落后状态。

初中生学习成绩的分化大多出现在七年级下学期或八年级。这是因为有一部分学生经过了小升初的过渡期，仍未能适应初中阶段的学习，不能及时调整自己的学习方法，导致考试反复失败，进而对学习失去信心，甚至产生厌学情绪。于是，学习开始出现好的更好，差的更差，好与差的差距越拉越大的状况。

初中、小学大不同

初中学习特点的变化

变化一，学习科目增加。根据教育部门的安排，义务教育阶段课程门类由低年级到高年级逐渐增加。具体说来，小学的品德与社会到初中扩展成思想品德、历史与社会两门课程，有的学校历史与社会又分设为历史、地理两门学科。小学开设的科学课到初中后有的学校分设生物、物理、化学课程。同时，多数学校还开设了丰富多彩的校本课程，课程的多样性和选择性大大增强。

变化二，课程内容更加系统。初中阶段，每门学科的内容都趋向专门化和系统化，由直观的、感性的、零碎的知识点变成了更为完整、系统的知识体系。因此，新旧知识连贯性更强。

变化三，课时安排节奏更快。初中课堂知识容量大、层次深、进度快，基本上每天都有新内容，课堂上用于复习巩固的时间少，课内练习时间少。因此，对课堂内外的学习方式都提出了新的要求。

变化四，对抽象思维能力提出了更高的要求。以数学为例，小学数学主要是数字的加减乘除运算，进入初中后，数学转为代数、几何学习，需要大量的逻辑思维运用。

变化五，学习方式更注重自主性和创造性。初中阶段的学习是自主的学习，要求学生具有一定的自学能力，能够自觉主动有计划地学习，比如，做好课前预习，掌握学习的主动权，才能更好地在课堂上理解教师讲授的内容。

提前熟悉新增科目

七年级时新增加的科目有历史、地理、生物等，在一些父母看来，这些只是小学科，没太大用处。但是，恰恰相反，这三门学科对一个人一生的价值是非常大的。著名教育家杜威认为，地理和历史把我们的行为与自然界和人类紧紧地联系起来，让我们拥有了更加广阔的视野和更加深厚的责任，对于我们认识当下所处的世界也具有非常重要的作用。而生物亦是如此，让我们认识到生命的独特和珍贵，从而以更加积极的态度对待人生。

地理、历史和生物都不是死的知识，它们本身是充满生机、充满趣味的，包含着无数能够唤起孩子想象力的话题，关于冒险、旅行、上下五千年等。孩子可以通过阅读、旅行、参观等，提前熟悉这些学科，增加感性的经验。更重要的是，父母要学会引导孩子建立起日常生活经验与学习内容之间的有机联系，这样学习就会变得有生气、有活力、有趣味。

关心课程内容和进展

新学期开始的时候，父母可以与孩子一起浏览新发下来的课本，指导孩子根据目录对一个学期的课程有一个大概的了解。平时，只督促孩子学习是不够的，还要多花时间与孩子讨论具体的学习内容。比如，用感兴趣的、关注的语气问一问孩子"最近学了什么有趣的内容""明天要学习什么"等。借此机会，父母可以了解到孩子学习的进程，督促孩子预习，并可以根据学科和教材的内容，安排相应的生活体验。

积极适应新老师的讲课方式

初中生喜欢挑剔老师，他们常常会评价某位老师的课太无聊了，也可能会因为某位老师尊重学生而喜欢他，进而喜欢他教的学科。七年级学生在课堂上的表现，跟他们对老师的态度有密切的关系。因此，父母要特别注意谨慎评价老师，从内心深处尊重老师，信任老师的专业水平和教学方法。

父母还可以帮助孩子掌握一些听课的技巧，以适应不同的老师。比如面对七年级新老师，学生需要特别注意每个老师讲课中提示重点的方式，有的老师会用语言加以提示，如"这一点很重要""这是个常见的错误"等；有的老师讲到重要的地方会稍微停一下，给学生理解记忆的时间。有意识地训练孩子留意这些提示和线索，有助于孩子迅速抓住讲课的重点，区分重要信息和琐碎细节，让听课变得更有效。

调整家庭日常安排

孩子进入初中之后，家庭一日生活的安排要根据孩子的需要及时做出调整，就寝时间、起床时间、家庭作业、家务杂事、户外运动等要按新的生活制度行事。比如，七年级的作业量增加，难度更大，需要留出更长的家庭作业时间。全家对此要有明确的共识，家庭的其他活动安排，如外出访友、待客、娱乐等，都应该尽量避开这段时间。

2. 提高自主学习能力

"没有人能给予一种教育，你所能给的不过是学习的机会。"对七年级少年来说，理解这句话尤其重要。积极的自主学习是孩子中学阶段最需要的一种能力，只有具备自主学习的能力，孩子才能应对整个中学阶段乃至未来的挑战。

独立性与依赖性并存

在学习方面，初中生的学习自觉性和主动性还较差，虽然比小学生已经有了长足的进步，但是从根本上说，他们还是处于自觉性和依赖性、主动性和被动性并存的年龄，自觉主动的学习经不起诱惑和干扰，时常出现波动。

此时，很多父母往往不敢放手，担心自己一旦放手，孩子就会不学习。但父母不放手，孩子就永远没有机会发展自主能力。只有经过一次又一次的自主选择，他们才能积累独立处理各种事务包括学习的能力。父母需要学会适时放手，引导七年级少年在独立性与依赖性的较量中成长。

自主学习的作用日益明显

自主学习是当今社会发展和教育发展对学生提出的新要求，新的学习观强调"教师起学习促进者的作用而不是知识的源泉""学习越来越应当成为学习者主动和学习者推动的过程"。

从小学升入初中后，自主学习的重要性更加明显。初中课程在内容的广度与深度、思维方式与学习方法上都与小学有很大的差别，对学生的自主学习能力提出了更高的要求，初中阶段的教学也更加重视对学生自主学习能力的培养。

从本质上看，自主学习是一种态度或意愿，更是一种能力。对七年级学生来说，要成为一个完全的自主学习者还有很长的路要走。大多数七年级学生尚不具备成熟的自主学习能力，但他们已经站在了自主学习能力快速发展的路口。

初中是自主学习能力快速发展的阶段

初中生在认知方面最重要的进步是"元认知"能力的发展。随着大脑的成熟，尤其是前额叶的发展，初中生逐渐变得更能控制和指导自己学习时的认知过程。这种思考自己思维的能力被称作"元认知"。一些研究青少年的专家认为，这是青少年认知发展中最重要的进步。

小贴士　元认知

元认知的字面意思是"对认知的认知"。元认知至少包括以下内容：

（1）反思思维；

（2）知道自己的学习和记忆能力的不足；

（3）知道什么学习任务在一定时间期限内能完成；

（4）知道并能应用有效的策略学习和记忆新材料；

（5）监控自己的知识和理解。例如，一个人能够意识到自己有没有学会某些内容。

具体到学习上，初中生逐渐对学习这件事本身有了更多的了解和认识。比如，一个小学低年级的孩子不知道自己做完某项作业需要多长时间，但七年级学生已经认识到，他们只能以一定的速度来完成作业，半个小时内不可能完成老师布置的所有作业。因此，七年级的孩子能够更加合理地安排好自己的时间，并在规定时间内完成任务。

七年级学生对学习方法和策略也有了更多的认识，使用学习策略的灵活性增加。但是他们掌握的学习策略还很少，且有效性比较差，比如，很多七年级学生不知道该怎么记笔记，也很少检查自己是否真正理解所学的内容。

将成绩目标变为掌握目标

掌握知识与提升自我是掌握目标的本质，而展示学习能力、取得成绩则是成绩目标的关键。研究表明，设置掌握目标的学生具备内在的学习动机与兴趣，能够主动地投入更多的精力与时间参与自主学习，进而提高学习成绩；而那些设定成绩目标的学生往往自控能力较差，坚持能力也较差，进而导致学习成绩下降。

进入初中后，由于考试压力加大，学习的功利性也变得更强，大多数学生和父母都习惯以成绩目标为导向。父母要激发孩子自主学习的意识，就必须将成绩目标转变为掌握目标。

对照下面的问卷，帮助孩子检查自己是成绩目标导向还是掌握目标导向吧！

目标类型测试问卷

检查项目	非常不符	有些不符	不能确定	有些符合	非常符合
1. 对我来说，重要的是提高我的能力					
2. 对我来说，重要的是班上的其他同学认为我学习很好					
3. 我最喜欢的是能让我思考的课程					
4. 对我来说，重要的是老师不要认为我在学习上比其他人懂得少					
5. 我今年的目标之一是掌握许多新的技能					

检查项目	非常不符	有些不符	不能确定	有些符合	非常符合
6. 我学习的目标之一是避免表现出我学习上有困难					
7. 对我来说，重要的是今年能学到许多新的知识					
8. 我喜欢搞好学习，以向我的家人、朋友、老师等显示我的能力					
9. 对我来说，重要的是深入理解课堂学习的内容					
10. 我学习的目标是得到比大多数同学更好的成绩					
11. 在完成一门课程后，我希望对这门课获得更广更深的理解					
12. 对我来说，重要的是比班上的其他同学表现得更聪明					

　　每道题从"非常不符"到"非常符合"共有五个选项，分别计为 1~5 分。将掌握目标的 1、3、5、7、9、11 六个题目的得分相加，得出掌握目标分数；将成绩目标的 2、4、6、8、10、12 六个题目的得分相加，得出成绩目标分数。比比看，是掌握目标的分数高，还是成绩目标的分数高，哪个目标得分高，就说明孩子更倾向于哪类目标。

提升时间规划能力

七年级学习任务加重，学习要求从指令性变为计划性，学习行为从随意性变为目标性，这对学生的时间规划能力提出了更高的要求。父母可以按照下面的步骤帮助孩子增强时间规划能力。

第一步：了解当前时间的使用情况，可以通过一周的时间记录，将所用的时间进行分类整理，从而让孩子认识到自己在时间运用上的效率。

第二步：分析时间运用的情况，帮助孩子认识自己的时间利用与目标的联系程度。

第三步：制定阶段性的时间规划，如每天、每周、每月等。列出每段时间内要完成的活动，并对这些活动进行归类，标记出等级，如"最为重要""比较重要""一般"等，然后按照计划完成各项任务。

第四步：一个阶段之后，要和孩子一起反思时间计划的使用效果，以便对时间计划做出调整。

小贴士　安排时间的原则

原则一：重要的事情要先完成。

原则二：不同的内容交叉安排。比如晚饭后如果有两个小时的学习时间，可以安排一个小时写作文，半小时运动，半小时预习数学。

原则三：考虑时间段的长短。比如只有30分钟的学习时间，那就挑选一项30分钟内能完成的作业。

原则四：利用好零碎时间。比如起床洗漱的时间，可以记一遍贴在墙上的单词；睡前躺在床上，按时间顺序回顾一天所学课程。

记笔记建构知识地图

小学生很少记笔记，但进入初中之后，记笔记的技能开始在课堂学习中发挥重要作用。一般来说，课堂上应记下这样一些内容：

（1）记提纲：老师讲课内容的提纲反映了讲课内容的重点，并且有很好的条理性，便于学生理解知识之间的逻辑关系。

（2）记补充内容：比如语文课上，老师可能要补充一点关于作者生平和写作背景的材料；物理课上，老师或许要补充一个有关的科学实验。在复习时，老师讲过的这些生动的例子、实验都会加深孩子对知识的理解和回忆。

（3）记问题：将课堂上未听懂的问题或者有不同看法的问题及时记下来，以便课后请教同学或老师。

（4）记方法：将老师讲的解题技巧、思路记下来；老师指点的学习方法也要及时记下来，这是终身受用的"点金之术"，有助于提高学习效率。

（5）记独到见解：课堂是思维碰撞的场所，会产生多元的观点和想法，这其中往往蕴含着创造的种子。因此，应该把自己或同学的独到见解记下来，作为以后探索和创造的出发点。

（6）记总结：老师总结性的话语，是对讲课内容的归纳和概括，记下老师的总结对把握一堂课的核心内容很有帮助。

父母可以偶尔翻看孩子的笔记，并给予建设性的反馈，从而不断改进笔记的质量。父母还应鼓励孩子在单元结束或学期末对笔记进行整理，并根据笔记进行考试前的复习，让记笔记真正成为有效的学习策略。

小贴士　巧用活页夹

父母需要为孩子准备专门的笔记本，活页夹是不错的选择。同一本活页夹可以用来做所有学科的笔记，这样就不会因为忘带某一本笔记而无法记录。孩子只需每隔三五天将笔记取出，把同一科目的放在一起临时装订，到学期末时，再把笔记集中起来，按学科分别装订成册。

监控理解，促进有效学习

监控理解是指在学习过程中，定期检查自己的记忆和理解。比如，在阅读过程中，不时停下来问自己"我从这几页中学到了什么"。一旦意识到自己没有理解，就立即采取措施，比如，重新再读一遍相关内容，或者向老师提出问题。

要想成为高效自主的学习者，七年级学生需要开始学习监控理

解。然而，监控理解并不是看得见的学习行为，而是一种内在心理过程。只有让学生意识到先前的学习方法已经无效，并切实体验到监控理解的效果时，他们才可能学会使用这种有效的策略。这需要父母加以引导。

一种有效的策略是让孩子进行自我解释，也就是说，学习过程中，经常停下来向自己解释正在学习的内容。还有一种方法是自我提问，即在学习过程中，自己提出一些问题，以引导学习过程或检查自己学习的质量。比如"……的主要观点是什么？""说明这一观点的例子是……""……和……之间的差异是什么？"等。

3. 引导学科均衡发展

在中学阶段，偏科是影响学习效果的一个常见问题。某些科目成绩正常甚至相当优秀的学生，却有一门或几门薄弱学科。这些薄弱学科的成绩在几经努力仍难以提高时，往往使学生的自我评价下降，甚至制约其他科目的学习。七年级是学科兴趣分化的阶段，也往往是偏科的开端，因此，对七年级少年，既要尊重他们的学科兴趣，也需特别注意各学科的均衡发展，莫让偏科走向恶性循环，影响孩子未来的发展。

偏科反映了学科兴趣的分化

孔子说"知之者不如好之者，好之者不如乐之者"，良好的学科兴趣可以激发学生内在的学习动机，对学生的认识过程产生积极的影响。

在中学阶段，个体的学科兴趣进一步发展，对不同学科的兴趣进一步明确。一项调查发现，有95%的中学生能明确指出他们最喜欢的一门课与最不喜欢的一门课，这说明在中学阶段，学生对不同学科兴趣的分化是明显的。

小贴士

调查显示，中学生喜欢某一学科的原因，主要包括：（1）老师讲得好（34.4%）；（2）从小喜欢，基础较好（22.5%）；（3）能动脑子（19.2%）；（4）学了有用（13.8%）。而不喜欢某一学科的原因主要有：（1）基础不好（39.0%）；（2）老师讲得不好（23.3%）；（3）学了没用（13.4%）；（4）不喜欢文科或者其他学科（11.7%）。

偏科反映了学习能力的缺陷

虽然每个孩子的先天禀赋或优势智能的确有差异，但并不存在"天生不是学这科的料"这种情况。就七年级课程的难度而言，智力方面的先天差异所能造成的影响往往很小。薄弱学科的形成，更多是因为小学时某一学科的基础较差，或者小学时的学习方法不能适应初中难度的提升造成的。尤其是数学和英语等需要扎实基础的科目，一旦基础没打好，就很难跟上课堂进度，学起来就愈发吃力。

偏科往往反映出孩子在基础学习能力方面的缺陷，比如逻辑思维能力较差，不能很好地调节自己的注意力，阅读能力有欠缺，动手操作方面较差，等等。透过薄弱学科，分析孩子在学习能力方面的不足，进而有针对性地加以提高，能够为孩子将来的学习打下坚实的基础。

偏科容易出现在学业转折期

七年级是偏科现象发展的一个关键点。新学科、新环境，如果没有好的开端，很容易造成偏科现象的发生。

在七年级，孩子会接触到几门新的学科，他们会尝试应用已有的学习方法，但如果在学习的初期，遭遇较多、较大的失败，他们会对这一学科的学习感到无能为力。据调查，七年级到八年级的学生以历史、地理、生物为薄弱学科的占很大的比例，这几门都是新增学科。

但新环境也提供了扭转学科偏好的机会。毕竟，在新的校园环境中，每个孩子都期望有一个好的开始，积极美好的愿望就是最好的动力。

先扬长，再补短

在不同的学龄段，面对孩子偏科的策略是不同的。小学阶段重在补短而初中阶段则更需要扬长。也就是说，对七年级孩子，发现和肯定他们的长处，比补短更重要。

七年级少年正值敏感的青春期，自尊心波动很大。他们会在喜欢的科目上投入更多精力，而这种努力，自然也能带来好的成绩。好的成绩，又使他们深受鼓舞，信心大增。但遗憾的是，很多父母总愿意强调孩子应该在薄弱学科上多下点功夫，而父母无休止的唠

叨只会让孩子更加厌恶薄弱学科，挫伤他的学习积极性。

一句肯定胜过十句唠叨。当孩子取得好成绩时，父母应充分认可孩子的努力，再问问孩子是怎么取得成功的，给他一个自我赞美的机会。孩子在向父母讲述学习经验的过程中，对自己的方法和能力也有了重新审视的机会，这会让他更加充满信心。

孩子经过努力换来的成功经验，再加上父母的认可和表扬，会激发孩子更强的进取心，促使孩子取得更好的成绩。

成功更是成功之母

对孩子来说，成功的体验是培养自信心的养料。很多时候，孩子并不是因为不喜欢学习才学习不好，而是因为学习不好才不喜欢学习。

父母不妨让孩子先集中精力学好一门功课，让孩子体会到成功的喜悦。人都有同样的心理，一种体验带来的心情会感染到以后做事的情绪，这在心理学上叫作"泛化"。孩子如果有一门擅长的科目，那么这种自信心也会"泛化"到其他科目上。因此，在一段时间里集中精力主攻一门功课，可能会取得比较好的效果。如果孩子在这一门功课上取得进步，那么孩子的喜悦心情一定会波及其他科目，孩子的学习积极性也就提高了。

针对薄弱学科，父母可以让孩子适当降低学习目标，使其有机会获得较多的成功体验。比如，刚开始时，学习目标定得低一些，这样目标一实现，便能激发孩子再接再厉的勇气。父母也可以在不被孩子发觉的情况下把孩子以前做过的、现在肯定能出色完成的题目给他做，上一个学期做过的习题，或者去年学过的东西都可以。这样孩子就有机会体会到"我会做""我做对了"的快感。通过类似的成功体验，孩子就会渐渐恢复自信心。同时，把已经学过的但掌握得还不牢固的部分又重新加强了，扫清了今后前进的障碍。有的父母会把孩子读过的书或用过的练习本收集起来，积累到厚厚一摞的时候，孩子看到自己的成果会非常自豪，对学习的信心大增，也会更加喜欢学习。

积极暗示，避免悲观情绪

当孩子面对不喜欢或不擅长的科目，父母可以让孩子试试自我暗示法，调整面对学习时的不良情绪。学习之前，首先进行热身运动，面带笑容、心情愉快、充满自信地对自己说"数学很有趣！""我对英语充满兴趣！""我能把数学学好！"。同时，在头脑中想象学习获得成功时的愉快情境和生动影像。带着训练产生的愉快心情去学习，效果就会好一些。长期坚持下去，学习就会真的变得更有趣了。

回顾与思考

1. 初中学习与小学相比有哪些新特点？

2. 带孩子做做本章第二节的目标类型测试问卷，引导孩子将成绩目标转变为掌握目标。

3. 针对孩子的薄弱学科，怎样理解"成功是成功之母"？

第 四 章

鼓励少年融入新校园

4

1. 在集体活动中融入

集体活动是中学校园生活的重要组成部分之一，丰富多彩的社团活动，形形色色的科技节、文化节，内容丰富的主题班会、迎新晚会、节日晚会，等等，可谓精彩纷呈。刚刚步入中学校园的七年级新生，要顺利完成从小学生到中学生角色的转换，自然离不开集体活动的参与。参与集体活动，能够促进他们形成归属感，增进同学间、师生间的交流，规范自身行为，从而尽快完成角色的转换。

特别富有集体感的年龄阶段

中学阶段孩子的集体感特别强。所谓集体感，是集体成员在集体中产生的对集体的态度体验，包括集体荣誉感、义务感、尊重和威信等。

七年级少年兴趣广泛，喜欢生活在集体之中，乐于参加集体活动，对新的校园生活充满了热情和向往。他们以融入集体中或投入集体活动为满足，有时候甚至表现得热情过度，同时，他们也具有较强的集体荣誉感。

团队组织变得更复杂

进入中学后，初中生的交往范围扩大了，他们所属的集体也增多了，不仅有班集体、校集体，还有共青团组织、社团组织等。

七年级新生入校后，就直接加入不同的班队集体中，一般入校两三周后，学校的各个社团也会举行纳新活动。此时，父母需要表达对少年加入集体的认可，鼓励他们不断扩展自己的兴趣，加入感兴趣的社团。

在校外，很多初中少年还参加了少年宫或俱乐部等组织，有些少年还加入了非正式的、自发组成的小团体。可见，初中生有参加集体活动的需要，这使得各种各样的集体成为他们成长的重要环境。

在集体活动中促进人际融合

七年级少年刚从小学来到中学，难免会产生人际关系上的疏离感。集体活动为其提供了很好的人际交往平台。无论是班队集体的活动，还是社团活动，一般都规模较小，可以弥补大型中学非人性化的弱点，给七年级少年提供彼此密切交往的机会，促进师生之间、同学之间的互动和理解。

尤其是社团活动，打破了原来班级的界限，促进了跨班级、跨年级之间同学的交往，促进了少年在更大范围内与指导老师或顾问的交往。在这些交往中，少年可以体验到团结互助、齐心协力的快乐，并获得归属感，这有助于七年级新生与新老师、新同学建立起平等、和谐的人际关系，帮助他们尽快融入新集体。

在集体活动中实现个性化发展

　　冯同学是上海市一所学校的七年级男生，他小学时参加了学校组织的"头脑奥林匹克创新大赛"即"头脑OM"竞赛活动，并在全国比赛中获得了奖项，他对这项活动有着丰富的知识与经验，也非常喜爱这项活动。进入初中后，他发现学校没有这样的活动团体，就给校长写了一封组建"头脑OM"社团的申请信。在得到校长和辅导员的支持后，冯同学认真填写了社团申请表，自组社团、自行招募、自建课程、自聘导师，将社团活动开展得有声有色。

　　进入中学阶段的学生，探索欲望变得更强烈，他们渴望研究自己感兴趣的各种问题，具有展示自己的愿望。而集体活动正是既能满足七年级少年需求，又能促进他们发展的很好的形式。与课堂教学相比，集体活动更灵活，更开放，更具个性化，更能凸显学生的主体性，能够极大地满足七年级少年个性、特长发展的需要，有利于培养他们积极健康的兴趣爱好，挖掘他们的潜力，促进他们不断成长。

在集体活动中培养责任心

少年所属的集体有两个基本特点：规范和角色。规范是所有群体成员必须遵守的规则；角色是在群体中由规则和期望决定的某一身份。角色规定着少年的言谈举止。在集体活动中，有些少年担任的是参与者或是观众的角色，有些少年则参与到集体活动的筹划、日常管理当中。不同角色在集体活动中的参与程度不同，体验和收获也会不同。

通过在集体活动中的自我管理、自我服务、自我教育、自我判断，少年意识到自己是独立自由、与他人地位平等的人，有着独立的权利，可以充分表达自己的意愿和想法。同时，少年也会意识到自己的责任和义务，学会对自己负责、对他人负责、对社会负责等。这些宝贵的经历和成长有助于少年顺利度过青春期，成长为独立的个体。

避免集体活动功利化

一些少年以为上中学就是为了考大学，在升入初中之后，学习竞争加剧，更是一门心思学习，唯恐参加集体活动耽误时间，影响考试成绩，因而往往游离于集体活动之外。

由于长期以来应试教育的主导思想盛行，一些父母和孩子对参加集体活动也有功利化的诉求。父母希望孩子在集体活动中学到知

识或是锻炼能力，而孩子也往往为了获得学分或加分资格才参加集体活动。这显然背离了学校开展集体活动的初衷，也让孩子觉得集体活动可有可无。

父母应扭转观念，重新定位集体活动的目的，更加关注孩子在活动中对自己兴趣和爱好的探索，更加关注孩子在活动中的人际交往与互动，更加关注孩子在活动中是否快乐。父母关注点的变化，自然能够引导孩子朝着健康的方向发展。

支持孩子承担集体责任

七年级少年刚加入新集体，如果能够通过自身的行为为集体做出贡献，那么，他对这个集体的归属感也就会更强。

父母要支持孩子关心集体的行为，鼓励孩子承担一定的集体责任。比如，班级设置的服务岗位，主动承担；班级举办联欢会等活动时，积极出谋划策；班级公开竞选班队干部时，认真参加；等等。

少年为集体做一些事情，并不仅仅是付出。他所收获的远比付出的要多，他会收获同学的信任、老师的夸奖、自我的成就感等，这些将给他的中学生活一个良好的开端。

父母要做学校活动的积极分子

父母参与孩子的学校活动是加强家校沟通、提高教育成效的重要途径。如果学校邀请父母参加学校活动，父母一定要做积极分子，按时到场，并积极给予支持。父母和其他家庭成员可以通过很多方式协助教师，参与到学校的集体活动中，比如担任社团活动的辅导员，教授某些特别的技能，或者在社团管理或发展事务上提供协助或监督。

父母对学校活动的参与，对孩子来说是很好的鼓励和示范，不仅能够促进孩子在学校活动中的参与，而且父母在其中展现出的能力和魅力，可能会刷新孩子对父母的认识，令孩子对父母刮目相看，这或许有助于缓解青春期的亲子矛盾。

2. 在自我管理中提升

升入初中，少年对新学校、新同学、新学业的好奇，可能很快就被学习、生活上的手足无措所代替。做好自我管理，对他们顺利适应初中生活会有很大的帮助。当少年学会了管理自己的学习、生活与心灵，他们就能对成长真正负责。越早学会自我管理，就越能享受成长的快乐。

自我管理是中学生的重要品质

进入初中后，少年会发现老师的管理模式变了。

在小学，教师把学生当作小孩子，许多事情都是手把手地教，"抱着走""扶着走"；而在中学，教师不再是"保姆"，偏重于让学生自己管理自己。比如，在小学由学校老师们来做的事情，到了中学，老师会交给学生来做，让他们在做事情的过程中实现自主管理、自我教育。

面对老师管理模式的变化，七年级少年只有提高自我管理能力，才能适应新的要求。少年在中学阶段的发展常常并不是由其智商水平决定的，而是由其自我管理水平决定的。一些智商平平的学生可能会因为能够坚持完成任务，并相信自己可以解决问题，从而成为优秀的学生。相反，一些很"聪明"的学生却很容易放弃、拖延，或将有限的时间分配给过多的兴趣，这使他们最终成为一个成就不高的人。

自我管理能力是一个人成长、成才、成功的基础性、关键性能力，是人立足于社会、实现个人价值与理想的必备能力。自我管理是初中生特别重要的品质之一，是优秀学生的成长秘诀。

自我管理"三句话"

到底该怎么进行自我管理？自我管理会不会非常复杂？《管好自己就能飞》的作者吴牧天，从小学起，就开始在父母和老师的培养下，逐步养成自觉成长和自我管理的习惯。凡是该自己做的事情，不需要别人督促和逼迫，都能自己去做，而且还能做好。他不仅以优秀的成绩考上省城重点中学和美国的重点大学，创新能力、解决问题能力、社交能力等也都得到了全面发展。

吴牧天提出，自我管理的核心思想有三句话：

第一，我的目标是什么？

第二，我现在在做什么？

第三，我现在做的事情对我的目标有没有帮助？

目标管理助力自我提升

不少父母发现，孩子经过艰苦的努力，好不容易考上心仪的初中，但进入初中之后，反而迷茫了，学习不自觉，学校活动也不积极参与。其实，他们往往并不是不想学，而是不知道为什么学，所以总提不起精神。小时候，孩子可能是为父母、为老师、为考上好初中而学，但进入少年期后，他们开始思考人生的目标，内心的迷茫让他们暂时失去了学习的内在动力。

对七年级少年来说，重要的是重新找到自己的目标。少年更希望可以出于自身的意愿去做某件事，而不是为了别人或者为了奖励，所以他们需要找到自己的目标，而不是为了完成别人为他们设置好的目标。一项研究发现，如果教师给学生机会让他们自己制订学习目标和规划、自己决定如何实现目标以及如何自我监控，那么他们的学习成绩会好得多。

设定明确的、有适度挑战性的目标

目标管理是自我管理的核心。无论是学习还是完成某项任务，当少年想要开始做某件事时，父母要鼓励少年自己制订目标。在自己选择的目标的驱动下，他们将会全力以赴，遇到困难也更有可能坚持下去。

能够对少年起到激励、引导作用的目标，一定是明确的、近期可以实现的。诸如"我要成功"之类的目标就是不明确的、模糊的目标，而相比之下，更具体和明确的目标是"我要在本学期进入优等生行列"或者"我要在本学期竞选学生会主席"。

鼓励少年设定一些长期目标是很有必要的，比如"我要上大学"或者"我想学一门拿手的技能"，但是他们同样需要设定短期目标，并借此逐步实现长期目标。例如，"下一次数学测验得优"或者"每周日中午之前完成所有的家庭作业"。

对少年来说，目标还需要具有一定的挑战性。挑战性目标是自我提升的保证，可以激发少年的强烈兴趣，使其投入实现目标的过程中去。太容易实现的目标则很难激发他们的兴趣，或让他们为之付出努力。但是，如果目标太高，不切实际，则会导致不断的失败，最终会降低少年的自信。

做事分清轻重缓急

仅仅设定目标还远远不够，少年还需要学会通过制订计划来实现目标。在制订计划时，首先需要明确的就是事情的轻重缓急，设定优先目标。正如一句名言所说，"谁能完美地安排好事情的先后顺序，谁就能把时间掌握在自己手中"。

管理专家史蒂文·柯维设计了一个时间矩阵，帮助人们认清事情的轻重缓急。轻重缓急包含两个维度："轻重"指事情的重要性，"缓急"指事情的急迫性。根据这两个维度，所有的事情都可以在四个区域内找到位置。

项目	紧急的	不紧急的
重要的	一级优先 明天要交的作文 今天要完成的数学作业 今天去给好朋友买生日礼物	二级优先 两周以后的生物考试 本周末的大提琴练习 给外公外婆打电话
不重要的	三级优先 临时的任务 琐碎的问题 整理书桌	四级优先 玩网络游戏 刷朋友圈 看电影

一级优先是"救火区域"，需要现在就做，而且要做好；二级优先是"快乐区域"，应投入主要精力，有计划、有步骤地完成；三级优先是"假忙区域"，要尽量用零碎时间尽快完成；四级优先是"游戏区域"，可以在闲暇时间去做。

少年可以使用这个时间矩阵来设定目标，并按照优先顺序来完成各项任务。需要提醒的是：要尽早完成重要的事情，一旦重要的事情变成紧急事项才开始动手，只会增加压力；而尽早完成重要的事情，就可以赢得放松娱乐的时间。比如考试复习，临时抱佛脚，会让孩子的生活更加紧张。

生活有序需要时间管理保障

时间是人生中非常重要的资源，却很少有父母教孩子该怎么利用时间。小学时，父母和老师习惯于安排孩子的时间，到了初中，面对更繁杂、忙碌的校园生活，不会管理时间的少年往往手忙脚乱、压力重重，而善于管理时间的少年则能够游刃有余、乐在其中。

时间管理是自我管理的重要方面，它让目标得以有计划地实现。时间管理专家阿列斯·伯雷说过："一天的日子，就如同是一个行李箱，如果你懂得装箱的技巧，一个箱子就可以装两个箱子的东西。"有效的时间管理，能够提高少年的学习效率，减轻学习压力，让他们玩的时候更放松，学的时候更认真；有效的时间管理，会让少年知道每一天他有哪些重要的事情要做，让他们的生活更加均衡、有序，更有控制感和方向感。

制订时间表并监控执行情况

现在很多成年人都在用活动清单，来提醒自己持续关注当天的重要事项，避免遗漏。对少年来说，活动清单也必不可少，使用清单可以帮他们理清思路，将目标可视化，避免遗漏并减轻压力。活动清单的样式五花八门，但主要内容包括罗列每天的任务和活动，并设定优先项。

监控活动清单的完成情况，也非常重要。首先，为每周的任务和活动制订一个计划，然后在每天和每周结束的时候对该计划中的时间利用情况做出评价。这样可以帮助少年对不同任务的时间分配情况做到心中有数。比如，自己在哪些任务上花费了太多的时间，而在哪些任务上花费的时间又太少。根据完成情况进行调整，才能让少年逐步成为时间管理的高手，并朝着自己的目标坚定迈进。

学生组织是自我管理能力发展的"土壤"

北京十一学校是一所因教育创新而闻名的学校。据介绍，该校的国际文化日、特色运动会、毕业典礼、成人仪式、名家大师讲座等活动全部由学生组织。设计学校吉祥物和文化标志，策划各项大型活动，制订各种活动预案等，也会向全体学生公布，征集响应者。就连学校的体育器材采购都是由一个学生团队自主完成的。学校有 5 个书店，全由学生承包经营；校园里的两个电影院，从播放规划到经营管理也是由学生轮流承办；每月一次的校务会，必须有一项议题来自学生，且由学生参会研究。这所学校的校长李希贵说，十一学校努力把学校从一个控制型的科层组织，变成一个有相对自主管理权利的个体的"社区"。

中学的学生组织有更强的自治性。七年级少年来到新学校，父母应鼓励孩子积极加入学生组织，主动承担集体责任。职务不论大小，责任不论轻重，都对培养孩子的自我管理能力有好处。在参与学生组织的选举中，他们可以更好地认识自我、认识他人；通过参与学生组织的自治化管理，他们可以实现自我设计、组织管理与协调；在集体活动中，他们可以学会为他人着想，学会情绪管理的技巧和方法。

3. 在规则中成长

七年级新生从各个不同的小学会聚到新的校园，带着各自的背景、习惯和需求在一起学习、生活，无论是在教室、操场、实验室，还是在学校的其他场所，都需要遵守共同的规则。学习并遵守新校园的规则，是七年级少年适应中学生活非常重要的一步。

遵守规则是融入新校园的第一步

2016 年，北京八达岭野生动物园内，发生了一起老虎伤人事件。赵某未遵守该动物园猛兽区严禁下车的规定，擅自下车，导致其被虎攻击受伤；母亲见其被虎拖走，救女心切，下车施救，被虎攻击死亡。这一事件在社会上引起广泛关注，吃人的老虎给众人上了一课：不遵守规则会给自己和他人带来伤害。

孩子从小学进入中学，要适应中学生活的第一步，就是学习中学的校园规则，知晓并遵守规则。如果没有学会遵守规则，就不能融入新校园，也不太容易被老师和同学接纳。

中学在行为规范训练上内容更广，规章制度较多。很多学校在刚开学时，会对七年级新生进行行为规范教育。配合学校的教育内容，在家庭中，父母也应对少年进行遵守规则方面的引导，提高孩子的规则意识。

理解规则是遵守规则的前提

随着认知能力的发展，七年级少年能够以更为复杂的视角来看待事情，能够在抽象层面上思考问题，能够使用假设性的语言思考可能的情况，并能够对各种可能情况进行系统性的推理，因此，他们比小学生更加能够理解规则的意义。

要让少年遵守规则，也必须先让他们理解规则的意义。在这一时期，规则很可能会遭到少年的质疑，他们会怀疑规则的价值，也可能会因为"世事无绝对"，而认为规则是可以打破的。同学之间、师生之间、亲子之间围绕规则的辩论是很有意义的，少年由此看到事情的多个角度，发现规则的价值，也看到其局限性，从而才能提高对规则的认同度。

规则比要求更管用

经常有父母诉苦，孩子上初中后不听话了，一回家就玩手机，不肯打扫房间，有时候还说脏话。有这种烦恼的父母，往往只是对孩子提要求，但是并没有制订相应的规则。制订规则，就是要让孩子明白，如何做是被允许的，如何做是不被允许的；如果做了不允许的事，应当承担什么样的后果。

制订规则让父母的要求更明确、更合理，用规则管理少年的生活比反复唠叨更管用。孩子上初中后，父母需对容易出现的问题进行预估，并针对孩子的情况，提出制订规则的建议，在亲子双方共同认可的基础上，形成明确的家庭规则。

小贴士　让少年参与规则的制订

少年制订规则的过程，也是少年自我教育的过程，并且，通过亲子之间有效的合作、协商，少年会感到自己的权利被尊重，并体验到规则的平等性，这会让少年有遵守规则的积极性与主动性。

侥幸心理是规则的第一敌人

有个留学生发现当地的公共交通几乎都是开放式的，不设检票口，也没有检票员，并且很少抽查，他便经常逃票乘车。

几年过去了，他取得了名牌大学的博士学位，满以为自己可以找到不错的工作，结果却连连被拒。最后一次，他要求经理对不予录用给出明确的理由。对方说："从工作能力上，你是我们要找的人。遗憾的是，我们查了你的信用记录，发现你有三次乘车逃票被处罚的记录。"男孩解释说："那时刚好我的口袋里没有零钱。"对方说："我不能同意你的解释，我相信在被查获前，你可能有数百次逃票的经历。这证明了两点：第一，你不尊重规则，不仅如此，你还擅长发现规则中的漏洞并恶意使用；第二，你不值得信任。"

违反规则会遭受后果的惩罚，有些后果是必然产生的，如"用手直接去触高压线"，但更多的后果则是潜在的、隐性的，如"逃票""闯红灯""考试作弊"等。因此，人们很容易会对自己违反规则找出理由。

侥幸心理是培养规则意识的敌人。比如：偶尔闯了一次红灯，并没有发生事故；有的同学考试作弊，并没有被老师抓住；有人从草坪上走过，并没有被斥责；等等。父母需要让孩子明白，一次不发生并不代表不会发生，一旦发生就会付出代价，甚至是生命的代价。当少年不守规则，或是钻规则的空子投机取巧时，父母应及时引导，明确制止，绝不可轻视。

惩罚措施是规则的必要组成部分

既然是规则，就要有一定的约束力，规则的约束力表现在其具有一定的惩罚性。孩子小时候肯定清楚，如果不按规则玩游戏，就会被淘汰出局，多次被淘汰出局，最后就再没有人跟他玩了。对孩子来说，这是一种非常严厉的惩罚。

规则是否能够起作用，在很大程度上取决于违反规则是否有惩罚措施。俗话说，"没有违约惩罚条款的合同就是一张废纸"，同样，没有惩罚的规则也不会得到很好的执行。在制订规则时，一定要明确相应的惩罚措施，而一旦违反了规则，就要接受相应的惩罚。

惩罚应该只针对错误的行为，而非针对孩子本人，并且不要让孩子感到怨恨、愤怒、痛苦。惩罚要适度、合理，不能采取体罚或其他粗暴的言行。惩罚必须公平、一贯，不伤及孩子的自尊心。惩罚过后，要向孩子表明，父母依然爱他。

如果父母奚落孩子，则有可能产生非常严重的后果。经常遭受羞辱性惩罚的孩子，并不会变成规则的自觉遵守者，反而会因羞辱而感到羞愧、内疚、自我怀疑，并且可能引发愤怒、敌意，变成规则的破坏者。

父母做规则的遵守者比做监督者更管用

在家庭中，大部分规则并不只是为孩子制订的，如作息制度、卫生要求、礼貌习惯等，家庭成员都得按规则行事。社会生活中的规则，如交通规则、公共秩序等，更需要所有社会成员共同遵守、维护。

青春期的少年对父母尤其挑剔，他们特别在意父母的言行，随时可能找出问题加以指责。因此，父母应时刻注意自己的言行，不仅要做规则的制订者、监督者，更要做规则的严格遵守者。

更重要的是学会自律

制订规则，对孩子进行严格的约束和规范，最终是为了引导孩子学会自律。教会孩子自律特别有效的方法，不是强迫他们遵守各种各样的规则，而是让他为自己的行为和选择负责。孩子越早理解每一个决定或行为都有与之相伴的后果，他便会越早学会自律和自重，这对他今后的人生道路有决定性的影响。

针对青春期的少年，父母特别需要注意的一点是，不要滥用规则，不能什么时候都拿规则说事，以免少年对规则逆反，憎恨"守规矩"，或是被规则压抑，失去自由的意志。

回顾与思考

1. 了解七年级孩子所在学校的学生团体，鼓励孩子根据自己的兴趣爱好，加入相关的团体。

2. 指导孩子对近一周要做的事情按重要性分类，制订出一周的学习、生活计划。

3. 和孩子协商，针对孩子上初中的新情况，与孩子共同制订一份"家规"。

5

第 五 章

协助少年建构人际关系

1. 师生关系进入疏远期

相对于亲子关系和同伴关系，师生关系对小升初的入学适应影响更为突出。和谐的师生关系给七年级新生提供的是支持，是帮助，是安全感；而不和谐的师生关系给七年级新生带来的是压力，是冲突，是紧张感。

师生关系面临调整

一位妈妈对孩子升入初中后的状态很为难：

"我孩子在小学时，成绩很好，又是班干部，深受老师喜爱。可到了初中之后，她越来越失落，总觉得初中的老师没有小学的好。初中老师讲课太快，初中老师不关心同学，初中老师太严厉了，等等。孩子对老师的抱怨很多，总拿现在的老师跟小学的老师做比较，不愿意接受新老师，对上学也越来越抗拒。这样下去，可怎么得了！"

进入中学后，师生关系发生了很大的变化。研究发现，中学师生关系的亲密性、支持性和满意度都要低于小学，而冲突性高于小学。小学生对教师有很强的依恋、信赖和崇拜心理，因此师生关系往往非常亲密。而中学生看问题的方式发生变化，对教师不再像小学生那样百依百顺，师生关系看似没有小学阶段那么亲密，但是教师对他们的影响丝毫不比小学阶段弱。

因此，父母应关注孩子升入初中后与新老师的关系，尽早加以引导，避免不良师生关系成为孩子中学阶段发展的障碍。

情感交往变少使师生关系疏远

虽然，在师生关系中，教师和学生是两种"社会角色"，教师处于权威地位。但从根本上说，师生关系仍是一种"人"与"人"之间的具有情感色彩的人际关系。学生首先是有思想、有情感的真实的人，所以他们在与老师的交往中，也期待教师的情感投入，期待与老师有更亲密的关系。

然而，由于初中老师往往要同时面对好几个班的学生，他们与学生的交往更加重视与班级整体的交往，而忽视与学生个体的交往；由于初中的教学任务更重，老师往往更加重视教学关系，而忽视情感关系，很多学生在课后与老师的接触极少。因此，相比较小学生，初中生与老师之间个人接触更少，与老师建立亲密关系的机会更少。

初中老师对学生的关照远不如小学老师那么周到，这会使刚入学的七年级少年感到不适应，并可能对老师产生疏远感。

少年对老师的批评易泛化

一名七年级女生这样评价她的语文老师："她从不鼓励学生，只是剥削我们！而且，教书也不会教，歪理却很多！她经常在讲课文时，教育我们要努力学习，完全跟课文没任何关系。还有，当同桌没带书的时候，不准我们给他看，说会影响到自己。"

由于批评思维能力的发展，七年级少年往往对老师很挑剔，对老师的缺点很敏感，甚至有些时候吹毛求疵。七年级少年有可能因为老师总批评他而讨厌老师，也可能因为老师太严格或者太不严格而不喜欢老师，等等。

初中生很容易泛化对老师的批评，一旦某位老师某一方面的言行引起了他们的反感，他们就倾向于将这种反感迁移到这位老师的方方面面，甚至将这位老师全盘否定，并对老师的各种意见都持拒绝态度。

亲其师才能信其道

很多父母会发现，孩子喜欢哪个老师，往往也会喜欢这个老师所教的科目，并且会努力把它学好；而孩子不喜欢哪个老师，也会连带着不喜欢他所教的那门课。

所谓"亲其师，信其道"，这种现象在七年级学生身上体现得仍然非常明显。他们在课堂上的表现，跟他们对老师的态度有密切的关系。调查发现，中学生喜欢某一学科的首要原因就是"老师讲得好"。

父母必须重视孩子在学校与老师的关系。在孩子入学之初，父母就应该积极与老师建立联系，走近老师，了解老师；同时，父母也要引导孩子以良好的心态与老师交往，使师生关系成为孩子适应中学生活的桥梁。

主动向新老师介绍孩子的情况

面对刚从小学升上来的七年级新生，老师需要花时间去熟悉和了解。如果父母能及时和老师建立联系，给老师写一封电子邮件，向老师介绍孩子的主要特点、在小学时的表现等，则会有助于老师针对孩子的特点开展入学教育。

语文特级教师连中国特别提醒，父母还应主动向老师介绍孩子的弱点，让老师在更为广阔的人生背景下了解孩子，从而更有针对性地推动孩子的发展。同时，父母也要与老师交流自己的教育理念和教育想法，表达希望老师全面关注孩子的愿望。在坦诚、信任的基础上，老师知晓了孩子的弱点之后，不但不会影响孩子的发展，还会拿出更有针对性的方法，促进孩子的发展。

重视老师对孩子的判断

如果孩子在小升初的过渡中出现了不适应的情况，父母要及时和老师联系、交流。有些父母过于听信孩子片面的话，将孩子成绩的退步归咎于老师和环境。所以，与老师沟通前，父母要先思考，客观评价自己的孩子。如果父母不能合理分析、判断孩子的学习情况和实际能力，带着焦躁或怒气找老师，不仅不能解决问题，还可能使事情向反方向发展。只有父母秉着发现问题、解决问题的心态与老师良好沟通，倾听老师对孩子的判断，与老师商量相应的办法，才能解除忧虑和困惑。

引导孩子学会欣赏不同风格的老师

每个人心目中都有好老师的形象，每个老师的风格也不尽相同。有的老师知识渊博，热情达观，举手投足之间充满了魅力与智慧；有的老师为人随和而内敛，怀才不外露，对待学生严格有度；有的老师性格活泼外向，幽默风趣，容易与学生打成一片；有的老师性格内向而稳重，处事严谨缜密、有条不紊。只有博采众长，孩子才能获得更全面的发展。因此，父母要引导孩子学会欣赏老师，发现每个老师的优点，感受老师不同的教学风格，尊重并接纳不同的老师。

勤学好问是少年与老师交往的第一步

每个老师都喜欢肯动脑筋的学生，请教问题往往是师生交往的第一步。勤学好问不仅直接使学习受益，还会在无形中缩短师生间的距离。一般情况下，任课老师并没有多少时间和学生直接交往，如果孩子能常向老师请教学习上的问题，则会加深师生之间的了解和感情。

2. 朋友关系进入亲密期

每个少年来到新学校，都想成为受欢迎的人。同伴和朋友是少年在校园生活中接触较为紧密的群体，同伴是一群年龄相仿或成熟水平相近的人，朋友则是同伴中更为亲密的几个。少年在同伴群体中的地位，以及他们与朋友的友谊，对他们在学校的适应和发展有着重要意义。

朋友成为少年世界的中心

对中学生来说，朋友关系绝对是一件大事儿。

一个初中女孩找到校长诉说苦恼：她在一次活动当中，不小心用脚踢了另一个女同学，但这个女同学咬定她是有意为之，这个同学还告诉了女孩的好朋友，好朋友因此跟女孩断交了。这让女孩很头疼，所以跑去问校长"我该怎么办"。

这件事让校长很感慨，他提醒我们，不要忘记同伴关系在一个孩子心里有多重要，我们会以为它只是小孩子之间的事儿，但其实它常常会影响孩子的一生。

朋友在提升少年的幸福感方面发挥着重要的作用。在与朋友交往的得意和失意中，少年对幸福感的体会逐渐形成。如果少年未能成功地建立亲密友谊，他们就会体验到痛苦的孤独感，自我价值感也会随之降低。

与朋友的关系也通过多种方式促进少年的发展。通过分享彼此的想法，朋友促进了少年观点采择能力的发展。朋友之间的依恋给予了他们尝试从对方角度看问题的动机。朋友会公正地评价彼此的优点和不足，从而帮助少年更加准确地评价自己的能力和人格，推动自我认同的形成。

小贴士　少年的友谊起到六种基本作用

一是"陪伴"，友谊为少年提供了一个熟悉的同伴，一个愿意与他共度时光、合作参与活动的伙伴。

二是"刺激"，友谊为少年提供了有趣的信息、快乐和娱乐。

三是"物质支持"，友谊给少年提供资源和帮助。

四是"自我支持"，友谊给少年提供支持、鼓励和反馈，有助于少年对自己保持一种有能力的、有吸引力的和有价值的印象。

五是"社会比较"，友谊提供了一些与其他人对比的信息，在对比中，少年可以感知自己处于何种地位，自己的所作所为是否恰当。

六是"亲密"，友谊为少年提供了一种温暖的、亲密的、信任的关系。

亲密是少年友谊的特征

少年对亲密朋友的需求非常强烈。小学时，他们还主要是从父母那里获取情感的满足，但在少年期，情形完全不同了，少年转向朋友去寻求从前由家庭给予的支持。他们渴求一种更加亲密的朋友关系，能够彼此分享感情、烦恼和想法，能够相互帮助解决个人问题和人际冲突。

与儿童相比，少年更加强调友谊中信任和忠诚的重要性。朋友不会在背后议论自己，不会对别人说自己的坏话。信任破裂通常是导致友谊结束的原因，比如不能保守秘密、不能履行诺言、说谎等。

男生的友谊与女生也有不同。七年级女生往往有几个属于自己的朋友，三人组或两人组比较常见；而男生多半会结成四五个人的小团体。女生更需要有个能相互传递秘密的亲密氛围，敞开心扉、自我表露促进了她们情感上的亲密；而男孩子却不太这样，他们更在意的是几个好朋友在一起做些什么事情，共同参与活动通常是他们感到情感亲密的基础。

同伴关系是影响学校适应的关键因素

同伴群体是比朋友范围更大的人际关系网络。对大多数少年来说，同伴如何看待自己，是生活中非常重要的事情。当少年进入初中后，他们非常期待能够融入新集体，被同学接纳，受到更多人欢迎。

小贴士　发展心理学中的四种同伴地位

"受欢迎的孩子"：他们经常被同伴当成特别好的朋友，很少遭到同伴讨厌；

"被忽视的孩子"：很少被同伴当作好朋友，但是他们也不被讨厌；

"被拒绝的孩子"：很少被认为是谁的好朋友，并且大家都讨厌他们；

"有争议的孩子"：既被某些人当作好朋友，又被另外一些人讨厌。

在校园里，影响少年学校适应的关键因素往往是同伴关系，而不是学习。同伴关系给少年提供了社会比较的参考框架，少年需要为同伴所认同，这种认同感可以减弱他们的不确定性、困惑和不安全感。

如果在新集体中受到同伴欢迎，会让七年级新生更喜欢学校，更愿意每天早早来到学校，找同学、朋友聊上几句。而如果在新集体中被同伴排斥，则意味着更大的压力和挫折，少年会产生孤立感、疏离感，难以融入新集体。长期不受欢迎会对少年有更多的负面影响，比如抑郁、行为问题、学习问题等。

提高社交技能才更受欢迎

为了受人欢迎，有些少年费了九牛二虎之力，甚至通过炫耀、胡闹来引起同伴的注意，结果却往往适得其反。

要获得同伴的欢迎，个人品质和社交技能是很重要的。受欢迎的人通常是友好、开朗、和善、幽默的。他们善待他人并且能够敏感地发现他人的需要，能够很好地倾听他人说话，清晰地表达自己的观点；他们热情地参与组织活动，经常在小组活动中起到带头作用，并且能够吸引别人参与进来；他们自信却不自负和傲慢。通过这些行为，受欢迎的少年展现出促使社交成功的技能。

而不受欢迎的少年大多缺乏社交技能。被拒绝的少年往往爱挑衅，有破坏性，喜欢争吵。特别是当别人不同意他们的观点时，会表现出以自我为中心或攻击性。被忽视的少年往往害羞、退缩，避免参加团体活动。这两种少年都缺乏必要的社交技能，因此他们通常很难建立友谊，甚至很难进行正常的同伴交往。

小贴士　羞怯是同伴交往的一大障碍

羞怯是一种普遍的心理现象。作为人际交往中的情绪体验，适度的羞怯是一种正常的情绪反应，但过度的羞怯会影响少年的生活、学习和人际交往。

羞怯的根源是担心他人对自己做出负面的评价，这往往在儿童期就已经种下了种子。可能源自与兄弟姐妹们比较时遭遇过取笑、批评，也可能源自对长相、体重、身高或者某些缺陷的自我意识。

鼓励孩子邀请朋友来家里玩

为了鼓励孩子在新学校多交朋友，父母不妨开放家庭，让孩子经常邀请新同学来家里玩，或是一起学习。节日或孩子生日时，可以在家中策划晚会，借此机会，父母也可以认识和了解孩子的朋友。

需要注意的是，孩子和他的朋友们都正值少年期，他们并不愿意与父母或是朋友的父母过多打交道。如果想让孩子的朋友经常来家里玩，就要营造无拘无束的轻松环境。要让少年们相信，父母虽然在家，但不会干涉他们，更不会监视他们。事实上，也没必要去监视孩子，因为他们自己也会小心行事。

父母对待孩子的朋友要热情真诚，像爱自己的孩子一样去爱孩子的朋友，可以帮助他们准备喜爱的点心或是小吃，让他们在家里度过愉快的欢聚时光。同时，对待孩子和他的朋友们还要宽容，有耐心，绝不可在孩子的朋友面前数落他，更不要在背后取笑孩子的朋友。如果父母能够真心接纳孩子的朋友，孩子的内心会非常感激，并为此感到自豪。

引导孩子和朋友度过有意义的时光

有些父母可能会觉得，孩子和朋友在一起都是在虚度光阴，要么闲聊，要么闲逛，或是一起玩游戏。一方面，少年们尚需要学习如何安排闲暇时间，如何把休闲时光过得充实、愉快、有意义；另一方面，囊中羞涩也限制了他们休闲方式的选择。

为了鼓励孩子交朋友并与朋友一起度过有意义的时光，父母可能要多花一些心思。如果只是口头建议他们，去踢球、去爬山、去看话剧、去看美术展览、去听音乐会，恐怕没有几个孩子愿意去。但如果父母愿意负担孩子朋友的费用，或是愿意抽出时间开车接送他们，那么，孩子会非常感激父母，并开开心心地和朋友一起去玩。这些新鲜而特别的体验，将会滋养少年的心灵，成为他们记忆中少年时代极其美好的回忆。

避免给孩子贴上"羞怯"的标签

羞怯的少年通常更加敏感，容易受暗示，因而很容易被父母或老师贴标签，而标签效应会进一步加重他们羞怯的程度。父母应该理解，羞怯并不是什么缺点，而只是孩子的特点。

父母需要对羞怯的少年更加耐心，多多表现出对他们的爱，认真倾听他们的内心世界，用父母无条件的爱，让孩子感觉到自己值得被接纳、被喜爱。平时，不要苛责孩子，不要过分追求完美，让孩子能够更加轻松地面对自己，接纳自己的不完美。

同时，认真地观察孩子，发现他们在什么场合、什么情境下容易羞怯，找到羞怯的根源，才能有针对性地采取措施，帮助孩子克服羞怯。比如，在容易紧张的陌生场合，学会自我暗示，对自己说"我能行""没事的""要镇静"等；在需要公开发言的场合，提前做

好准备，增加成功的体验；等等。

同理心是人际交往的基础

一个七年级的女生这样描述自己的朋友："面对同样的事，她和我的感觉一样，她总能理解我是什么意思，而且大多数时候，她也有相同的感受，即便没有，她也会说'我理解你在说什么'。"

进入并了解他人的内心世界，并将这种了解传达给他人，这就是同理心。同理心是交往的基础，对别人的尊重和体谅，对青春期需要亲密朋友的少年来说尤其重要。

小贴士　培养同理心的四个步骤

（1）放下自己的主观判断；

（2）有效地观察、聆听和辨别，辨识对方语言和非语言行为背后的信息和意义；

（3）尝试从对方的角度看事情，并了解其感受；

（4）将自己的感受有效地传递给对方。

父母在生活中示范是培养孩子同理心的关键

当孩子气鼓鼓地从学校回家，抱怨老师布置了一堆作业时，父母如果能克制住反驳的冲动，对孩子说："你的作业确实很多，语文、数学，还有科学探究，一天的作业就有这么多。"孩子得到父母的理解，可能会做出令父母吃惊的举动，不再抱怨，而是马上开始行动。

父母的耐心倾听、理解共鸣，不仅有助于建立青春期良好的亲子关系，更能够让孩子从中学会如何换位思考，去感受他人的处境，并由此引发孩子的各种亲社会行为，如助人、安慰、关心、合作、分享等。这些行为正是青春期人际交往的核心。

3. 异性交往进入微妙期

在青春早期，同异性的交往是一件不太好处理的尴尬事。随着性意识的觉醒，懵懂的情愫开始在少年心中萌生，这让他们既好奇又紧张。他们开始有意无意地疏远异性，但对同学之间的异性交往又抱有极大的兴趣。如何恰当、自如地与异性交往，是七年级少年迫切需要学习的功课。

异性交往常引起尴尬

一个七年级男孩在"青春期最大的困惑"主题作文中写道："我觉得青春期最大的问题，就是很难懂得如何正确与异性交往。如果你去和异性说句话，全班同学准斜着眼珠子死盯着你，脑袋里头一定还胡思乱想，这某某某怎么和某某某说话了，他不会是喜欢她吧？在全班同学盯贼一样的目光下，你心头仿佛有座山压在上面。如果这时候，还有人用小眼神幸灾乐祸地看着你，你就更手足无措了，要说的话，只好全咽回去了。可这还没完，全班同学还在齐刷刷地盯着你，仿佛在说，怎么不说话了？是不是害羞了？那肯定是喜欢人家！再然后，可想而知，流言蜚语马上就满天飞了，你也该被唾沫星子淹死了。"

在青春期早期，男孩和女孩的交往进入到微妙的阶段。少年与异性间只要稍微亲密了那么一点点，就会被看成是开始谈恋爱的一个标志。这使得他们往往会表现出明显的不适感。

可见，异性间的人际交往会给七年级少年带来焦虑和紧张。这或许是因为，十二三岁的少年已经意识到了，他们即将步入可以通过谈恋爱建立起彼此间亲密关系的年龄。

性意识逐渐觉醒

进入青春期后，男孩和女孩体内的性激素分泌都会增多，性意识的觉醒，就像春天冰雪融化后的河水上涨一样自然。这令他们既好奇又不安。他们非常关注周围伙伴的发育变化，也变得很在意异性的眼光。因而，不管男孩还是女孩，都开始修饰和打扮自己，希望能引起异性的注意和好感。

然而，懵懂少年心理上的渴望接近、渴望了解，表现在行为上，却往往是有意无意地疏远。而当男孩和女孩间有了一些友好来往的时候，他们又"会以一种刻意或者开玩笑的方式，来夸张地表现其中所包含的那一点点彼此吸引或者爱慕的意味，从而使得表现出的这方面的兴趣，最终被嘲笑和戏谑所吞没"。从同性间的人际关系过渡到异性间的人际关系的过程，多多少少会给少年带来一些难题。

少年性意识的觉醒与发展会对他们的自我概念产生很大的影响，使他们开始真正以一个男性或女性的自我在社会中呈现出来，他们对社会中的他人也开始真正以一个男性或女性的角度来对待。

学习与异性交往是少年的重要发展任务

学习与异性交往，并自如地相处，是青少年社会化的一个重要方面。青春期成长的核心是人际交往，这其中也包括异性交往。异性朋友跟同性朋友一样，能够增强青少年的自尊。与同性朋友相比，异性朋友还会给青少年带来特定的影响，使他们有机会向异性学习，从而增强青少年的观点采择能力。异性交往还是青少年释放性心理能量，缓解性心理紧张的重要途径。

在异性交往中，青少年还可以积累性别角色经验。如果总是局限在同性范围内活动，这样的青少年往往会对接触异性产生神秘感和羞怯感。当需要进行异性接触时，难免会遇到一定的困难。发展异性交往，是消除神秘感和羞怯感、掌握异性交往技能的有效途径。

正确认识异性交往对少年成长的价值，有意识地引导少年的异性交往，是父母应当直面的问题。

与孩子分享少年心事

七年级少年突然问妈妈："你有没有早恋过？你怕不怕我早恋？"

聪明的妈妈面对少年的提问，没有闪烁其词，而是给少年讲了自己的故事："我上小学五年级时，有一天，班里一个女生哭得很厉害，她一边哭一边说：'他们都说我跟某某某好，我根本就没有嘛！'我当时很嫉妒，因为，那个男生，我也在偷偷地喜欢着。"

少年追问："那后来呢？""后来嘛，各自上了不同的学校，当初的那个喜欢就变成一个美好的回忆了。"

妈妈告诉少年，到了青春期，有这种朦胧的情感再正常不过了，这是很平常的事，每个人都会经历的。妈妈的分享得到了孩子的共鸣。少年对妈妈坦白说："我喜欢过某某某。"妈妈很自然地回应他："那是个优秀的孩子，我也很喜欢啊。"少年则幽默地强调："我只是曾经喜欢过，你可别想歪了啊！"

父母也是从懵懂少年走向成熟的，与孩子分享年少时的情感体验，可以拉近亲子距离，让孩子坦然地面对朦胧的、难以言说的异性情感，以平常心与异性相处。

鼓励孩子参加混合性别的集体活动

在集体活动中学习与异性交往，对少年来说是非常安全的方式，少年既不必像单独面对某个异性时那么紧张、羞怯，又可以有机会接触异性，了解不同的异性。这对于他们发展异性交往技能、建立友谊、发展自己，都大有帮助。

其实，七年级少年并不想过早陷入恋爱关系，他们只是不知道该如何与异性保持合适的交往距离。在集体活动中大大方方地与异性交往，特别符合少年的期待和需求。因此，如果有这样的机会，父母一定不要以各种理由阻止，而应该支持少年去参加集体活动，进行广泛的社会交往，让少年从中感受学习、生活的乐趣和意义。

尊重孩子的情感

情感的发展是十分自然的事，也是十分美好的事。如果少年对某个特定的异性产生了超出友谊的情感，父母也不必紧张，不要认为它是"早恋"，也不要从成人的视角给孩子的感情下定义，非要说成是友谊。

父母要做的是尊重孩子的情感发展，请他珍惜这份美好的体验，孩子会有自己的认知和探索。如果孩子不知道如何处理，感到困惑，父母可以鼓励他在想法和行为之间找到合适的平衡点，或者放在心里，或者用恰当的行为来表达，比如学会用一些实际行动来关心别人，学会尊重对方的感受，学会互相帮助，取长补短，共同进步。

告诉孩子恋爱时需要注意的事项

在中学阶段，恋爱是不可回避的问题。父母特别不愿意孩子谈恋爱，怕耽误学习，分散精力，更担心孩子在恋爱关系中"吃亏"。但是，少年的感情是无法忽视也无可否认的。事实证明，很多孩子在父母制止恋爱后，并不是停止恋爱，而是对父母隐瞒实情。

与其让孩子在混沌中独自摸索，面临各种风险，不如父母提前跟孩子平等交流，听听孩子的想法，也跟孩子聊聊父母的看法或经历，并就异性交往中的规则达成共识：首先不要轻易确定恋爱关系；其次要明白恋爱中能做什么、不能做什么，学会自我保护的技能；最后要明白恋爱只是关系的一部分，家人、朋友包括异性友谊，都是成长中不可缺少的部分。

回顾与思考

> 1. 为何初中时师生关系会疏远？通过与孩子和学校老师交流，评估自己孩子的师生关系。
>
> 2. 心理学上的"同伴地位"有哪几种？与七年级孩子沟通，了解自己孩子在学校中的同伴地位如何。
>
> 3. 与孩子分享一段自己的"少年心事"。

6

支持少年
踏上探寻自我之路

1. 自信地探索自我

初中少年具有强烈的自我意识，他们想知道自己是谁、是什么使得他们与众不同。无论对女孩还是男孩，拥有清晰的自我认知都至关重要。但是，由于初中少年的自我认识尚不稳定，自我评价很容易受到周围人和环境的影响，从小学到初中，老师、同学及校园环境的变化，都可能对少年的自我评价造成干扰。

自我认识尚不稳定

进入初中后，有一些小学时非常优秀的学生反而会遭遇很大挫折。

一位母亲讲述了自己女儿的情况：

"我女儿聪明懂事，争强好胜。从小学一年级到六年级都是三好学生、班干部。小学毕业时，保送进了一所重点中学的实验班。上了初中后，孩子的情况不像以前那么顺利。女儿不仅没有当上班干部，考试成绩也不是很好，在班里竟然是平均分以下。孩子越着急，状态反而越糟糕。最近，她一直嚷嚷说自己就是笨，不会有出息。真让人着急！"

来到新环境，七年级少年原有的自我认识难免受到冲击，他们需要在与周围人的比较中重新认识自己，需要在自我超越中克服自卑，接纳自我。著名心理学家阿德勒指出：我们每个人都有不同程度的自卑感，因为我们都想让自己更优秀，让自己过更好的生活。父母要学会引导孩子以积极的心态，去不断改善自己、改造环境，同时培养起孩子对别人、对社会的兴趣，而非时时以自我为中心，从而不断超越自卑，成为更好的自己。

自我评价处于波动期

研究发现，青少年自我评价的波动最可能发生在 12～14 岁之间。无论是与年龄更大的青少年相比，还是与年龄较小的儿童相比，处于青春早期的少年自我评价最低，他们有更为强烈的自我意识，但他们的自我评价极不稳定，且更容易感到羞愧。

而在青春早期过后，青少年的自我评价就会趋于稳定，虽然每一天他们对自己的感受仍然会忽上忽下，但总体而言，已经不会出现太大的波动。

这提醒我们，关注七年级少年的自我评价，及时为形成消极自我评价的少年提供帮助，可能更有助于改善他们的整体自我评价。而·旦到了高中阶段，自我概念已经比较稳定了，再想改善自我评价就会变得非常困难。

自我日益分化，矛盾显现

"我，是一个什么样的人？真复杂！我友善、外向、宽容、受欢迎，但我也害羞、自我中心。我很粗心，考试时把加看成减都时有发生，但我也很细心，我能注意到别人注意不到的问题。跟朋友在一起时，我很开朗、健谈，但回到家里，有可能很沉默。"

从这段描述中可以看出，少年更可能根据具体环境或情境来描述自我。他们的自我越来越分化，他们比儿童更能够理解，因个人角色的不同或者环境的不同，每个人都会有不同的自我。

认识自我中存在的矛盾，可能会让少年感到迷惑，因为他们想要从这些不同的自我中找到"真实的我"。最终，少年需要将自我的不同侧面整合起来，形成自我认同。这可能是一项持续终身的课题，少年期尤为关键。

认识自我正当时

十二三岁正是专注于认识自我的年龄。一些父母会发现，孩子上了初中之后，明显地变得安静内向，不愿跟人打交道，似乎把自己封闭了起来，又总在思索着什么。其实，他们正处在认识自我的内省当中。

耶鲁大学的研究表明，13 岁的少年退回到他的自我世界当中，重新反省、深思，以构建出更为强壮的自我去面对世界。

其突出表现是：少年的内心世界越发丰富起来，一系列关于"我"的问题萦绕在他们心中，比如"我到底是个怎么样的人？""我的特征是什么？""别人喜欢我，还是讨厌我？"。他们开始认真地寻找自我，认识自我，评价自我。此时，父母有责任激发他们的自我认识，帮助他们增强自信。

确定孩子自信的来源

少年只有在对他们自己而言极为重要的领域表现得有能力时，他们才会有非常高的自信，比如有的少年很看重运动能力，有的少年很重数学能力，有的少年更看重与朋友的关系。因此，父母帮助孩子提升自信的第一步是鼓励他们弄清楚自己所看重的是哪些方面的能力和表现。

有些父母会觉得孩子并没有什么特别拿得出手的才能，或者孩子擅长的领域没有那么重要。其实，这是因为父母对什么是重要的能力有偏见。如果父母只看重学习或音乐等特定领域的才能，那么，孩子擅长手工或擅长交朋友的优点就会长期得不到认可，孩子也难以从中获得自信。

给少年选择和做决定的机会

选择对少年非常重要，因为这让少年觉得自己能在一定程度上掌控自己的生活。选择还有助于强化少年的自我认识，促使他们思考自己的真正需求是什么。少年正是通过不断地做选择，才能学会如何做出明智的决定。

要尊重少年的决定，不要在询问过他们的需求之后，又对他们的回答不予理会。比如，什么时候、在什么地方写作业，看什么样的电视，玩多长时间的电子游戏，零花钱的数额和用途，等等，可以由他们自己做出计划和安排。父母可以提出不同的意见，并做出恰当的引导，但最终应由少年自己做决定。

鼓励少年建立情感支持系统

来自他人的情感支持和赞许会对少年产生有力的影响。有不少少年缺乏自信，是因为父母从来不赞扬他们或给予他们鼓励。对少年来说，来自成人的支持和来自同伴的支持同样都很重要。所以，一方面，父母要给予孩子情感上的支持和鼓励，另一方面，要支持孩子交朋友，建立友谊，当少年身边有朋友喜欢他，接纳他，支持他的时候，他就会更容易接纳自己，建立自信。

教会孩子直面问题，解决问题

在少年面对一个问题并试图解决它而不是逃避它的时候，其自信也常常会得以提升。如果少年敢于直面问题，而不是逃避问题，他们在面对问题时常常有一种现实的、诚实的态度，就会产生积极的自我评价，继而带来自我赞许，最终提升自信。

因此，当孩子遇到问题时，父母要对他说：相信你能够做好。父母要发自内心信任孩子，而不是在说过相信孩子之后，焦虑不安地在他周围走来走去，并期望他向父母求助。父母偶尔也可以给孩子安排一些有一定难度的任务，完成任务的成就感也有助于提升自信。

自信的父母成就自信的孩子

对父母而言，自信是极其宝贵的教育资本。父母的自我感觉越好，越能更好地应对挑战和困难，并善待身边的人。但要让父母在孩子成长的每一个阶段，都相信自己的能力，并设法解决出现的每一个问题，是一件很不容易的事。父母也需要关爱自己，做一些能让自己静下心来并恢复自信的事情。自信是会"传染"的，自信的父母养育自信的孩子。在伴随孩子成长的岁月中，父母也应与孩子共同成长，成长为越来越好、越来越自信的自己。

2. 做情绪的主人

少年的情绪表现得更极端，转换得也更快，无论高兴还是悲伤，都极其令人震撼。这与青春期大脑和激素的改变有关，但更受到他们在家庭、学校和社会上的经历的影响。从小学到初中的学校改变，对七年级少年而言是一个压力事件，他们对此的体验、感受和解释，是引发情绪波动的基础。来自父母和同伴的支持，将有助于少年学会做情绪的主人。

父母成为脾气发泄对象

一位妈妈感叹"孩子简直就是前世的仇人"。这位妈妈是个护士，女儿刚上七年级。期末考试后，妈妈发现女儿身体特别虚弱，还有感冒的迹象，就带她去医院，检查后开了些药。为了让她早点康复，妈妈前前后后忙个不停。可女儿却不按时吃药，衣服也穿得很薄。妈妈就提醒了一句"你还没吃药呢"，结果女儿竟喊道："那是我的药，跟你有什么关系？"妈妈委屈极了："我到底做错了什么，让她这样歇斯底里地冲我大喊大叫？"

其实，孩子并非有意针对父母，有时候他们自己都搞不懂为什么要大发脾气。他们不知道该如何充分地表达自己的感觉，因而，常常将不愉快的感受投射到另一个人身上。

小贴士　出言不逊是因为用情绪回应

来自匹兹堡大学、加州大学伯克利分校和哈佛大学的神经科学家们，让 32 名平均年龄 14 岁的青少年们听两段 30 秒母亲批评他们的录音，同时对他们的大脑进行了扫描。结果发现，在妈妈的唠叨面前，青少年大脑中与负面情绪相关的区域（如边缘系统）变得异常活跃，而与情绪控制以及理解他人想法相关的区域（如前额叶皮质）则活动有所减弱。因此，当面对妈妈的批评时，孩子们通常会用情绪来回应，而社会认知过程有所减弱。

少年的情绪强烈而消极

人们常常将青春期称作"疾风骤雨期"，虽然这一说法并不准确，但就青春早期的情绪表现而言，情绪强度大是非常明显的特点。研究发现，在很多情况下，少年情绪的强度与引发这些情绪的事件是很不相称的。

少年强烈的情绪还表现在，他们会频繁地出现情绪高峰和情绪低谷。他们可能在这一刻还处在世界的顶端，下一刻又跌落到忧郁的低谷。

少年情绪体验的另一个明显特点是消极情绪增多。无论是与小学阶段的儿童相比，还是与高中阶段的青少年相比，初中少年体验到的消极情绪都更为突出。

小贴士　青少年情绪实验

心理学家让参加实验的青少年及其父母随身携带寻呼机，每天不同的时间对他们进行呼叫，要求他们记下寻呼机鸣响时所处的情景以及体验到的情绪，比如，和谁在一起、感觉怎么样等。

结果发现，青少年非常高兴的情况比父母多出 6 倍，非常不高兴的情况比父母多 3 倍。除了这些较为普遍的情绪，青少年还比父母更可能产生窘迫、神经紧张、厌烦、冷漠等情绪。

理解先于疏导

13 岁的廷斌气冲冲回到家，他说："可恶的英语老师，一节课提问了我 3 次！而且，他还让我站着听课！"

妈妈："英语老师不可能无缘无故地让你站着听课，一定是你做了什么不该做的事。你做什么了？"

廷斌："什么也没做，英语老师对我有偏见。"

妈妈："我见过你的英语老师，人挺好的，怎么会对你有偏见。他可能是忘了让你坐下吧。"

廷斌爆发了，大声嚷道："你根本就不关心我！你总是维护别人，替别人说话。"

在这段对话中，母亲没有给孩子提供任何情绪支持。母亲急于寻找老师行为的动机或为老师找借口，急于正面引导孩子，而孩子需要的只是母亲能够理解他在学校经历了什么，他有什么感受。正是这一误解，造成了许多父母与孩子的疏远。

当廷斌告诉母亲，他被老师提问多次和罚站时，母亲如果这样回应，效果可能会好很多："那一定让你感到很委屈""你一定气坏了""那一定让你非常难堪"。

当得到母亲这样富有同情心的理解时，少年强烈的情感就会减弱，并失去其尖利的锋刃。在孩子遇到麻烦时，父母要克制住立即给孩子上一课的冲动，在孩子情感平静下来并且心情转变之后，才更容易解决问题。

尊重少年独处的需求

青少年渴望投入同伴世界，但他们同样也需要独处。研究发现，和花大量时间与朋友交往的同学相比，那些自己的空闲时间中有三分之一或一半是在独处中度过的青少年，抑郁程度较低，社会适应及心理适应水平较高。心理学家认为，从发展的角度来看，中等程度的孤独最有利于个体的心理适应。

独处可能对七年级少年尤为重要。来到新学校，面临着各种各

样新的冲击，独处可以提供必要的放松机会，让他们有机会冷静下来，喘口气放松放松，甚至是暂时躲避一下，躲开同伴和成人世界的要求，留出时间和空间去整理情绪。

所以，当父母发现十二三岁的孩子突然变"宅"了，请不要把这当作性格上的毛病。接纳少年的孤独，尊重他们独处的需求，给予他们独处的空间，他们才有机会让自己平静下来，感受内心的安然。相信这种情况并不会持续太久，很快少年又将恢复对外部世界的热情。

给少年示范如何恰当地表达愤怒

孩子进入青春期后，不仅他们自己的情绪会发生剧烈动荡，父母的情绪也会因亲子冲突的增多而起伏较大。对少年来说，父母如何表达情绪、调节情绪是非常直观的情绪教育。因此，父母应该对自己的情绪有足够的认识，学习有效、恰当地调节自己的情绪。

一位父亲说："我尽量不生气。我心里已经气得发抖，但我努力控制着自己。我担心自己的脾气如果发泄出来，可能会伤害到我儿子。"这种控制不可能持续很久，愤怒的情绪不会因为被禁止而消失，怒气必须得到转移和疏导。

父母必须学会表达自己的愤怒，而不是将其隐藏起来。面对孩子令人生气的行为，第一步是清楚地描述这个行为对父母的影响。当一个 13 岁的少年在饭桌上用勺子敲打盘子时，他的母亲说："这噪音让我很不舒服。"少年可能又敲几下，就不再敲了。母亲并不需要告诉孩子该怎么做。后面又敲的那几下是孩子保留面子的手段，少年在表明，他是出于自己的意愿才停止的，而不是因为别人的命令。这一点对于强烈要求自主的少年尤为重要。

如果父母的怒火已经被点燃，马上就要爆发出来，在这种情况下，父母可以这样做：描述自己看到的情况；描述自己的感受；描述需要做什么事情；记住不要进行人身攻击。例如，当一位母亲看到孩子乱糟糟的房间里堆满了垃圾时，可能会非常生气，这时，母亲可以这样说："看到你房间的地上堆满垃圾，我真的很生气。垃圾不应该扔在地上，而应该丢到垃圾桶里。"母亲不可以攻击孩子，"你真是个懒虫"或者"你真邋遢"。在学会恰当地表达愤怒后，父母会发现，自己的言行真的会对孩子产生影响。

3. 突破性别刻板印象的束缚

在青春期，性别角色的发展占据了自我发展的核心地位。性别角色规定了男性或女性应该如何思考、应该有什么样的行为和感受。尽管儿童期就已经有了性别意识，但青春期的萌发和性的成熟给性别赋予了新的含义。少男少女们更强烈地感受到社会对成熟男性和成熟女性的期待和要求，并自觉地按照社会期待的性别角色来塑造自我。这是社会化的必经阶段，是成长为成熟的男人或女人的重要一步。接纳自己的性别特点，发展性别平等的观念，突破性别刻板印象的限制，七年级少年才能迈向更加广阔的人生。

数学不好是性别刻板印象在作祟

一位妈妈发现，女儿婷婷刚上七年级就患上了"数学焦虑症"。小学时，女儿学习成绩还不错，数学也在中等偏上。进入初中后，女儿发现，班级中有很多数学天才，尤其是那些活泼好动的男生，几乎不怎么听课，但每次数学都考得非常好。这让她感觉非常不公平。再加上之前就听别人说过"女孩子不适合学数学"之类的话，导致她对学数学信心不足，一上数学课就很焦躁，本来能回答出来的问题，也答不出来了。

婷婷之所以患上"数学焦虑症"，主要原因之一是受到了性别刻板印象的影响，即认为"女孩子不适合学数学"。人们似乎都认可，男生在数学及理科方面比女生要更有优势。现实中通过书籍、媒体的宣传报道，经常可以看到，在数学、物理等科学研究领域，成就卓著者往往以男性居多，而女性佼佼者则微乎其微。即使在女生已经在教育领域等诸多方面都表现出领先优势的今天，女孩不适合学数学或理科的观念仍然根深蒂固。

小贴士　性别刻板印象

所谓性别刻板印象，是社会文化赋予男性或女性的相应行为、价值观或动机等，也就是说，对于男性或女性，人们所期望的言行举止是不同的。比如，社会鼓励女孩要友善、文雅、合作，对他人的需要应该敏感；对男孩则是希望他们变得有领导力、张扬、独立、有竞争性。

性别刻板印象处在上升期

儿童在大约 3 岁时，开始意识到自己是男孩还是女孩，之后，他们便开始使用性别来组织从周围世界获取的信息，比如，认为哪些玩具是女孩应该玩的，哪些是男孩应该玩的。男孩会坚持做男孩应该做的事情，女孩也会避免那些不适合女孩的事情。

到了儿童中期，也就是6~10岁期间，儿童关于性别角色的认识越来越灵活，男孩和女孩一样开始喜欢体育、音乐、玩具和游戏等，对这些活动是否适合自己的性别不再那么关注。

但是，到了青少年早期，性别角色的要求又逐渐变得明确起来，性别角色的灵活性在七至八年级达到顶峰，随后开始下降。他们对跨性别的言行举止越来越难以容忍，强调男孩要有男孩样，女孩要有女孩样。

七年级少年正处在性别角色由灵活向僵硬转折的过渡期。此后，在整个中学阶段，性别刻板化将逐渐增强，男孩和女孩在心理和行为上的差异也会越来越明显。十二三岁的少年通过学习社会公认和赞许的关于男女行为的各种准则和规范，来获得对男性和女性的认识。他们所持有的性别角色概念是与社会文化的期望和影响相一致的，在个体看来，它往往是难以改变的。

小贴士

一项研究要求男孩和女孩在六年级、七年级、八年级时分别填写一份性别认同问卷，在这3年当中，女孩的自我描述越来越"女性化"，例如，温柔、深情；而男孩的自我描述越来越"男性化"，例如，坚强、进取。

性别差异没有想象中那么大

目前，心理学家越来越认识到，男性和女性之间的差异往往是被夸大了。男性和女性在心理上共性远大于差异性，而且性别差异反映的是群体的平均情况，它并不能代表某个特定个体的表现。所以，我们决不能仅根据一个人的性别，就推断他的数学能力。只有在计算群体的平均水平时，性别差异才会出现。

小贴士

美国一项研究分析了来自 69 个国家的 493495 名学生的成绩，这些学生的年龄均在 14~16 岁之间。结果发现，学生在数学基础知识和实际运用技能平均水平上的性别差异很小。但是，虽然男孩们的数学并不比女孩们优秀，他们却对自己的数学能力充满信心，并对学好数学动力十足。

研究者还发现，女孩们所在国家的女性教育水平、政治参与度、社会福利和收入水平都将影响到该国女性对数学的态度。举例来说，如果某个国家从事科学研究的女性数量较多，该国女孩的数学成绩往往会更好，并有更强的自信从事相关工作。

双性化个体更具优势

心理学家认为，严格定义的男性化或女性化标准实际上是无益的，它对两种性别的行为都是限制。两性之间的界限其实并非十分清晰。每一个人身上都会一定程度地既有所谓的男性化特征，也有所谓的女性化特征。事实上，任何人都可以用心理双性化来描述。

美国心理学家桑德拉·本姆是"双性化"研究的代表性人物，他认为，要帮助"人们从刻板性别模式的禁锢中解脱出来，形成一种健康的新观念，从文化强加给男性化、女性化的限制中解脱出来"。

不难想象，如果一个人可以既坚定又敏感，既独立又善解人意，那么他必然是心理健康的人。双性化的人具有更强的适应性，能够依据当前情境的要求调整自己的行为。双性化的青少年具有更高的自信，而且比表现出传统性别特征的同伴更受欢迎，适应状况也更为良好。双性化男性同样觉得自己十分具有男子气，双性化女性的女性化程度也仍然适宜。

对性别刻板保持敏感

一个小男孩和他爸爸遭遇了一场很严重的车祸，父亲在事故中不幸丧生，小男孩被送到了医院急救，当小男孩被匆忙送到手术台上时，主刀医生看见他的样貌立刻说："我不能给他做手术！他是我儿子！"

小男孩怎么可能是主刀医生的儿子，他的父亲不是已经在事故中丧生了吗？答案当然是因为那个医生是小男孩的母亲。如果在读这个故事的时候，你的第一反应也是感到困惑，那是因为你的性别偏见已经让你事先假设，这个医生是男性。

尽管我们已经知道性别差异并没有那么大，但内心深处往往还贴着牢固的性别标签。即使是那些极力想要摒弃性别偏见的人，有时也会在无意中以不同的方式对待男孩和女孩，甚至强化了性别偏见，限制了孩子成长的机会。因此，父母要对性别角色保持开放的心态，并时时检视自己行为中隐含的性别偏见，使孩子免受性别偏见的影响。

鼓励孩子发展双性化特征

在性别角色发展的过程中，父母对其性别角色发展的期望是孩子性别角色发展的隐性规范，这些期望会体现在他们的教育行为中，进而影响孩子性别角色的发展方向。调查发现，中学阶段，男生父母对男生的性别角色期望更趋近于男性化，而女生父母对女生性别角色期望更趋近于双性化。这表明，在中国社会，男孩受到的性别角色禁锢更大，而女孩正在超越传统的性别角色，走向更加丰富开阔的人生。

十二三岁的少年首先应该认同一种典型的性别倾向，乐于做一个男孩或女孩，在此基础之上，他们还应拥有探索异性领域的自由。女孩不妨多一点儿男子气，男孩也不妨多一点儿女子气。只要不过火，这绝对无害，或许还是件好事。

创建两性平等的家庭氛围

如果父母希望培养出超越固定性别模式的孩子，在家里就不要让这种模式存在。这意味着，妈妈和爸爸都应该做饭、做家务，并一起做出重大决定。对于大多数中国家庭来说，需要加强父亲在家庭教育中的作用，更多地参与到少年的生活和教育中，带少年去运动或冒险，给他们讲讲"职业世界"，帮他们解决生活中具体的问题，为他们树立尊重母亲的典范，等等。而母亲也应该有自己的事业追求，在工作和生活中积极进取，发展自己的兴趣。父母应时刻注意自己的言行举止，为孩子模仿性别角色行为提供榜样。

回顾与思考

1. 如何理解七年级孩子的自我评价处于波动期？
2. 当孩子带着强烈的情绪向你抱怨时，应该怎么做？
3. 什么是性别刻板印象？

第 七 章

主动调整亲子关系

7

1. 由上下关系转为平等关系

孩子刚步入青春期的这段日子，大多数家庭也将迎来亲子关系的巨大改变，家庭系统会暂时受到扰动，甚至失衡。而青春期亲子关系的核心在于：父母是否把少年真正当作一个与自己平等的人来看待。

沟通不畅都是"不平等"惹的祸

一位母亲这样诉说自己的困惑："如今的孩子，怎么越来越不好管了？就说我们女儿，小时候挺乖的，什么话都对我们说。自从上了中学，就对我们没话了，还常常一脸心事的样子。你问她，张口就是：'别管我，说了你也不懂。'如今孩子为什么会这样？"

孩子也很委屈："说了也是白说，他们也不可能理解我。只要是我说的话，不管什么内容，爸妈都不可能认可的。"

沟通不畅的原因都很多，但其中一个很重要的原因是，父母没有把孩子视为一个与自己平等的人，习惯于自上而下的单向沟通，因为"我比你懂得的多""我知道怎么做对你来说最好"。但是，在少年眼中，父母的这些做法是把他们当小孩子对待，是干涉，是发号施令。十几岁的少年成人感高涨，把平等看得高于一切，因此，任何高高在上的权威，都将成为他们挑战的对象。

成人感促使少年追切追求平等关系

七年级少年心理上一个主要的变化是成人感的出现。少年感觉到自己已经成为大人，因而在行为活动、思维认识、社会交往等方面，表现出"成人"的样式。少年渴望别人把他们看作大人，渴望得到尊重，要求独立。

成人感的出现是由于少年的身体、认知和社会角色发生了变化。他们的外貌和体格看上去比小学时更为成熟；他们思考问题的方式更加抽象、更加成熟，并开始向多角度发展；他们已开始了中学生的新角色：这些都刺激了他们成人感的高涨。

成人感的突出表现是对成人权利的追求。初中少年对身边的事情和现实社会的参与性增强，对自己的社会地位不满。他们与成人在观念上"碰撞"，不再事事都依附父母，也不再敞开心扉，什么都公开了。他们按自己的见解进行社会交往，建立属于自己的一块"小天地"，并要求父母尊重他们，平等地对待他们。

面对这一转变，如果父母缺少对少年的尊重，不把他们作为平等的个体进行交流，那么，沟通的大门就会被关闭，少年将会通过对抗、叛逆来体现自己的"成人地位"，追求成人感的满足。

交互社会化促进了亲子关系的转变

曾经，孩子的社会化被认为是一个单向的过程：孩子是父母社会教化的产物。但是在当今社会，子女获得了前所未有的"反哺"能力，比如，少年对电脑、手机、网络等以数字技术为基础发展出来的新事物的了解，远远超过了父母，因此，他们常常成为父母的信息和知识来源。孩子对父母的反哺不仅限于一般的知识技能，也涉及生活方式、价值观、审美情趣等各个方面。家庭里发生的许多事都会让亲子双方直接或间接地学到一些知识、技能、理念，父母和子女都会在日常家庭生活中获得成长与发展。

在社会化过程中，父母教化孩子，孩子也在对父母进行社会化，这一现象被称作"交互社会化"。交互社会化的出现带来了亲子关系的变革。少年"反哺"能力的增强动摇了父母"长者为尊"的地位，父母常常会遇到来自子女的挑战，他们要求在家庭中获得更高的地位，拥有更多的决策权。

家庭规模缩小推动亲子关系平等化

从更大范围的社会变革和时代变迁来看，家庭也在不断调整其形态，以更加符合家庭成员的需要。在家庭变化过程中，一个重要特点是家庭规模的小型化，这已成为全球性趋势。

小贴士

我国人口普查数据显示，在 20 世纪 50 年代之前，家庭户平均人数基本保持在 5.3 人的水平。1990 年缩减到 4.0 人，2010 年缩减到 3.1 人，2012 年进一步缩小为 3.02 人，小型家庭已成为我国家庭主流。

家庭规模的缩小推动了家庭关系变化。在大家庭中，维系大量成员的和谐共处，就必须设立家庭制度，建立规范和长者权威；但随着家庭成员的减少，成员之间更可能彼此平等对待，亲子关系也必须靠双方平等相处才得以维系和发展。

尊重比理解更重要

在少年的成长中，尊重有时候就是懂得顺其自然。父母要明白少年的成长需要时间，有时候不去打扰孩子，就是给孩子最合时宜的帮助。父母可以通过容忍孩子的不安，接受孩子的不满，尊重孩子的孤独，来帮助他们成长。

不去打扰意味着对少年的完整接纳，这是对少年很大的尊重。对少年来说，这种尊重比假装理解他们更重要。少年并不希望别人马上理解他们。因为他们感觉自己的情感是独一无二的，是全新的、私密的，别人不会有这样的感受，更不会理解这样的感受。如果父母告诉他们"我非常理解你的感受，在你这个年纪，我也有同样的感受"，这样可能让他们觉得自己的独特和个性受到了侵犯。事实上，不论父母能理解他们还是不能理解他们，这都让他们感到沮丧。所以，明智的父母，不会轻易评断孩子的感受，更不会假装理解，父母只需表现出尊重和接纳，就能帮到孩子，亲子关系也会和谐得多。

提要求时要给出解释

一个13岁的女孩给妈妈写信说："昨天晚上，你对我极不公平。你无法合理地回答我，所以，你就给了我你那句名言'你自己去想清楚'。你对待我的方式，就好像我不是人一样。你对我说的就是'我不需要向你解释！你是个孩子，而我是个大人'，这不公平。我是一个人，应该得到你、爸爸和任何一个人的尊重。"

如果父母只要发布指令，孩子就会乖乖听话，事情当然就简单得多。但十几岁的少年会质疑父母的要求，要求父母给出解释。要想和孩子保持平等关系，父母就得把他们的质疑当回事，不能敷衍了事。父母在提出要求后，需要真诚地面对孩子的疑问，尽可能客观地说明，并与孩子一起协商，找出切实可行的解决方案。这么做的意义在于，让少年感受到自己的意见得到了足够的重视和尊重。

鼓励少年独立

十几岁的少年渴望独立，父母越是让他们自立，他们越觉得受到了尊重，对父母的敌意和反叛就越少。聪明的父母，会让十几岁的孩子感到自己越来越可有可无。他们会冷静地旁观孩子的成长过程，控制着自己过多介入的欲望。

父母可以用一些鼓励的语言，表达对孩子独立性的支持。比如：

"你来决定这件事吧。"

"我相信你有能力做出正确的决定。"

"无论你做出什么样的选择，我都没有意见。"

鼓励少年自己做决定，在这个过程中，他们也将学会像个成年人一样对自己的言行和决定负责。

不要当面评论孩子的过去、现在和未来

如果父母把少年看作是一个有独立人格的人，就不会当着少年的面对他们品头论足，就好像孩子是个没感觉的物品一样。但不幸的是，有些父母会经常把十几岁的少年当成"聋子"一样对待，当面评价孩子的过去，预测孩子的将来。

在少年面前，父母应尽量克制自己，不要提及孩子小时候"可爱"的事情，或者炫耀孩子幼年时拍的光身子的照片，或者讲起他小时候有多胆小怕黑，这会让少年感到尴尬。父母也不要给少年贴标签，当面评论他们的人品或性格；更不要悲观地预测孩子的未来，或以此警告他们。

父母应避免像对待小孩子那样对待少年。当不知道该怎么对待少年的时候，不妨想一想，自己是否愿意让别人这样对待呢？"己所不欲，勿施于人"，这正是亲子平等相处的基本原则。

2. 好的亲子关系应当亲密有间

进入青春期后，少年对自主的需要和追求会让父母感到迷惑，以为孩子急于摆脱他们。而事实上，在少年探索一个更加广阔和复杂的世界时，他们特别需要来自父母的情感支持、指导和帮助，但往往又无需过多。

疏远，是为了成长

分离是必然的，这会让很多父母伤感。台湾作家龙应台写道："所谓父女母子一场，只不过意味着，你和他的缘分就是今生今世不断地在目送他的背影渐行渐远。"与父母的分离是少年成长中必经的阶段，这与他们对父母的感情没有任何关系。即使成长在气氛融洽的家庭，少年依然会踏上与父母分离、追求自主的道路。

心理学家认为，青少年时期是第二个分离和个体化的阶段，也就是更彻底地与父母的分离。婴儿刚出生时，并不能区分自己和他人，是一个未分化的阶段。只有经过与母亲的心理分离，婴儿才能成为有个性的个体，这个过程被称为分离和个体化。进入青春期后，青少年需要经历又一次与父母的分离，才可以实现身心健康的发展。因此，如果少年这样做了，那正是他成长的证明。

少年一天天长大，终有一天他会离开父母独立去生活。谁学会了独立，谁就能够找到自己的幸福。父母对孩子所有的教育和培养都是为了孩子未来能够从容面对独立。记住这一点，或许能让父母更加坦然地面对孩子渐行渐远的背影。

小贴士　亲子关系的"脱卫星化"

心理学家奥苏伯尔提出卫星理论来解释青少年阶段亲子关系的转变。他认为，子女如同一颗卫星，在自己能独立自主前，围着家庭、父母绕行；进入青春期后，亲子间的卫星关系逐渐被"脱卫星化"所取代，青少年逐渐与父母保持距离，直到自己充分自主。

若亲子间能较好地由"卫星化"发展到"脱卫星化"，青少年便能较好地完成个体化的任务，并发展其自主性，从而建立较好的人际关系，出现较低的人际冲突。

亲子间的亲密性仍极为重要

"脱卫星化"并不意味着亲子关系不再重要，恰恰相反，少年在"脱卫星化"的过程中，仍然期望在与父母的关系中能够体会到一种亲密感。

少年希望得到父母的注意和陪伴。他们特别怨恨只知道让他们没完没了地写作业的父母，或者经常不在家的父母。少年希望父母能够倾听他们的想法，接受他们的意见，知道他们在想什么，而不是对他们发号施令。大多数少年想要父母给予他们很多的爱和关怀。父母对孩子表示爱的一种方式就是了解并实实在在地接受孩子的一切。少年想要知道在父母眼中他们是有价值的、被接受的、被喜欢的。少年更加渴望父母的信任，希望父母能够尊重他们的个性和隐私。

爱、关怀、帮助、倾听、理解、接受、赞许、信任，少年对这些情感的渴望非常强烈，亲子之间维持这种亲密感对于少年的成长非常重要。如果少年始终感觉到父母对自己的支持，始终与父母保持亲密的关系，那么，他们就能更有信心地走向外部世界。

小贴士

一项对 9 万名美国青少年的研究发现，在所有影响健康的指标中，青少年对于同父母及家人的亲密程度的感受，是最能起到稳定的保护作用的指标。

自主与亲密并不矛盾

乍一看，孩子对自主的需求与亲子间的亲密感是相互排斥的。孩子想要独立于父母，又怎么会想与父母保持亲密呢？然而，研究者认为，亲密和自主恰恰是互补的，健康的家庭在独立和情感支持之间是平衡的。

有些父母与少年的关系非常疏离。他们以为孩子想要躲开父母，就索性放任自流，不知道孩子每天在干什么，孩子的朋友是谁，孩子看重的事是什么。这会让孩子缺乏安全感，也会被孩子误认为父母对他们不感兴趣或是拒绝他们。

有些父母则完全相反，在给予少年亲密感方面做得太过了。少年希望有时间和自己的朋友在一起，而不希望父母成为朋友。少年渴望父母的关心，但不希望他们总来探查自己的情绪，想要知道自己生活的方方面面。

好的做法是，随着孩子的成长，亲子之间的高度亲密感渐渐过渡到一种更为平衡的亲密感，也就是所谓的亲密有间，亲子之间既有亲密的情感联系，又保持恰当的距离。

小贴士

在不同的阶段，父母和青少年之间的空间距离会发生变化。研究表明，与父母之间的距离，年长的孩子比年纪小的孩子平均多70%。

父母要学习表达爱

满足少年对爱和亲密感的需求并不是一件简单的事。不少父母是在不善于表达爱的家庭中长大的，因此，他们很少拥抱孩子，不会表现自己的温情。有些父母以为孩子肯定知道父母爱他们，有些父母以为对孩子说"我爱你"就足以向孩子传达爱。

美国婚姻家庭专家盖瑞·查普曼博士提出，要用行动表达爱，并归纳了五种爱之语：身体的接触、精心的时刻、送礼物、服务的行动、肯定的言词。可能其中一种或几种最能满足少年对爱的需要，父母需要用心发现，并尽力满足他们。少年也将在感受父母之爱的过程中，学会如何去爱他人。

如何与孩子正确地身体接触？

身体的接触经常被用来表达爱，不仅仅是拥抱和亲吻，还包括轻触孩子的背部、手臂或肩膀等。但当孩子长到十几岁时，他们可能会抗拒身体接触，此时，正确的时间和地点、合适的方式显得尤为重要。

比如，十几岁的儿子很不愿意让母亲在同学面前拥抱他，这会让他觉得尴尬。但当他运动之后回到家，全身酸痛并很疲倦的时候，父母可以帮他搓揉僵硬的肌肉，或者当他专心读书好几个小时之后，可以按摩他酸痛的颈部使他放松。

有些父亲可能不知道是否该拥抱和亲吻十几岁的女儿，事实上，父亲的接触对十几岁的女儿来说非常重要。如果父亲不这么做，女儿可能会过早从别的异性那里寻找肢体的接触。在家中，父亲可以大方地主动拥抱女儿，这也可以帮助女儿更加坦然地接受青春期时身体外形的变化。

不要急着给建议

有一位父亲说："我女儿在中学遇到问题就经常向我求助，因为我会给她建议并帮她寻找解决问题的办法。但我会先问她：'你是需要我倾听呢，还是需要一些建议？'大多数时候她会说：'我想要些建议。'但是有时，她所需要的仅仅是一位聆听者。"

遗憾的是，对很多父母来说，倾听并不是一件容易的事情。父母的理由是："我打心眼里为他好，我比他年岁大，也比他阅历丰富，我知道对他来说什么最好。"因此，父母总是迫不及待地给出自己的建议。这会让孩子觉得父母根本没有考虑他们的感受，渐渐会离父母越来越远。

仔细辨别少年需要的到底是倾听还是建议，然后谨慎地做出回应。重要的是让少年们感觉到："当我有需要的时候，父母总在我身边。"

最好的帮助是不要刺探孩子

少年对父母抱怨特别多的是父母对他们的不信任。在不信任的种种表现中，尤其令他们恼火的是父母看他们的手机、聊天记录，看他们的日记，偷听他们打电话。有时，父母会借口打扫房间、收拾桌子等，想看看孩子到底在干些什么。

在十三四岁这个年龄，父母正常的关心都可能被孩子误解为打探他们的隐私，父母的有意为之更会招致孩子的反感。明智的父母应该意识到，少年需要隐私，如果父母能够不去打扰孩子，不去刺探孩子，只在一边旁观，亲子关系可能会和谐得多。

不要试图充当少年最好的朋友

有些父母认为，自己应该成为孩子最好的朋友，但对青春期的少年来说，这是一个错误的观点，因为少年最好的朋友是他的同龄人。还有些父母为了和孩子拉近距离，会努力学习青少年流行语，甚至穿着年轻人的流行服饰，这不仅不会让孩子感觉亲近，反而会让他们尴尬，因为他们所需要的恰恰是如何与父母不同。

面对十二三岁的少年，父母要有"父母的样儿"，可以和孩子"站在一起，但不要挨得太近"。不要试图替代孩子的知心朋友，支持孩子建立起自己的朋友关系，才是父母的明智之举。

3. 挑剔是青春期亲子关系的"头号敌人"

美国作家马克·吐温曾经提到，他 14 岁时认为父亲是如此愚昧无知，以至于他无法忍受父亲待在身边。马克·吐温的话透露出一条重要的信息，挑剔是少年期亲子关系中一个尖锐的变化。很多父母对此有深刻的感受，孩子突然变得对父母异常苛刻，百般挑剔，亲子关系由此陷入紧张期。

挑剔的少年让父母很受伤

一位七年级女孩的妈妈向咨询师抱怨，女儿对她越来越嫌弃，这让她有些不知所措。这位妈妈说，以前放学去接孩子，只要看到她等在校门口，女儿老远就打招呼，最近她在校门口向女儿打招呼，女儿却总是视而不见。女儿还直截了当地对妈妈说："你以后不要来接我了。你穿得太土了，别的同学还问我，是不是你家保姆开车来接你了。太丢人了。"这让妈妈倍感为难。如果穿得时尚些，孩子的同学会觉得你怪怪的，穿得朴素些，他们又嫌你老土。

的确如此，十几岁的少年不仅跟父母的亲密关系变得冷淡，而且会对父母的言行打扮挑剔指责。由于母亲跟他们的关系更亲密，所以也更容易成为他们针对的对象。在家里，他们常常为了一些鸡毛蒜皮的小事挑剔妈妈，比如头发没有打理，衣服没有品位，等等。出门在外，他们常常因为妈妈而觉得无地自容，尤其是跟朋友在一起的时候遇到妈妈，或者跟妈妈一起购物、外出旅游时遇到朋友，这种时刻他们宁愿躲起来。

大部分少年都会因挑剔、讥讽让父母生气。其实，他们并非有意要伤害父母，而是一种下意识的反应。讥讽父母并不会让孩子心里舒服，少年往往也很无奈，不懂自己为何无法好好跟父母相处。

少年挑剔的原因

爱挑剔与抽象思维能力提升有关

由于抽象思维能力快速提升，初中少年变得喜欢争辩和质疑。儿童通常都比较顺从易于管理，父母说什么一般会去照做。而少年开始质疑父母的要求，希望父母对其要求做出合理解释。然后，他们会发挥自己抽象推理的能力，来找出父母言语中的漏洞。正因如此，他们对父母的缺点也变得更加敏感。

爱挑剔源于理想化思维增加

少年日渐理想化的思维会影响他们对待父母的方式。他们会将现实生活中的父母与想象中的父母进行对比。由于现实生活中的父母免不了有缺点，所以少年会对自己的父母有些失望。

爱挑剔可能是少年的过度反应

少年的自我中心思维使得他们非常关注他人对自己的看法，进而可能会对父母的言论反应过度。比如，父母对一个七年级孩子的衣着进行评价时，往往会引起孩子的强烈反感，以至于引发孩子的反唇相讥。而同样的话说给小学时的孩子听，也许就不会有这样激烈的反应。

父母也会挑剔孩子

正如美国心理学家科林斯所言："在子女向青少年转变的过程中，青少年和父母对彼此的期望极有可能会落空。"

孩子进入初中后，不少父母也会对孩子的毛病大加指责，吹毛求疵。一方面，父母常常觉得孩子上了初中，意味着孩子又长大了一些，在各方面的行为表现都应该有所进步。但孩子的种种表现让父母觉得他们并没有长大。另一方面，以往那个对父母言听计从的孩子突然变得爱狡辩，这让父母对"乖孩子"的期望落了空，难免有所不满。

父母对少年常见的批评有要孩子保持自己屋子的整洁，帮助做家务，改进餐桌礼仪，学习不够用功，脾气需要改进，等等。有些时候言辞也可能相当伤人。父母相信，为了孩子好，应该提醒孩子改正自己的缺点。虽然大多数时候，父母对少年的批评是准确的，并没有夸大其词，但是，少年既改不了那么多，也改不了那么快。反复唠叨，只能让亲子双方对彼此更加失望。

小贴士　平等关系有助于减少相互挑剔

在平等关系中，父母与孩子任何一方不会因为对方和自己想法不一而诋毁对方。同时，双方都懂得倾听，或者认可，或者对不赞同的地方提出异议，并耐心说服。只有做到这一点，才能彼此沟通，化解误会，改变在对方心中的不良形象。

避免因孩子的挑剔而情绪失控

对于父母来说，面对爱挑剔的少年是一种挑战。如果仅仅是被孩子嫌弃土气，父母可能还比较容易面对，大方承认孩子对美感很敏锐，再邀请孩子给出一些建议就可以了。但如果孩子的话语很情绪化，伤人的话脱口而出，根本不考虑会给父母的感受带来什么影响，那么，父母也可能顿时火大，忍不住想要回击。

此时，建议父母首先做一下深呼吸，平复内心涌起的不良情绪，然后以最平静的语气与孩子谈话。

"你好好想一想，自己为什么这样做。等你想好了，我们再谈谈吧。"

然后，父母不要再多讲一句话，马上回避，这样才能避免争吵的局面。

不必逼迫少年认错

其实，等孩子冷静下来，就会明白自己错在哪里。但少年敏感的自尊心，使他们决不愿意向父母道歉，或承认自己做错了。

因此，等过一段时间再交谈时，不要逼问孩子"刚才你那个样子，对吗？"，而是要充分表达父母的担忧，比如"妈妈感觉你心情不太好，有什么事吗？"。父母主动表明宽容的态度，孩子才能放下防御心理，真诚地与父母对话。

父母要为自己的粗暴行为道歉

父母尖刻的批评、粗暴的言语会对青春期的孩子造成深深的伤害，他们可能把这些话藏在心中，咀嚼好些年。

在亲子关系中，父母是占据主动的一方。所以，尽管父母不必苛求孩子一定要为伤人的话道歉。但是，身为父母，一旦没有控制好自己的怒气，要尽快对孩子说抱歉，表示你也知道这些话会伤人，不过这些话并不代表你对他们的看法，请孩子原谅你。尽管这些话不能被一句道歉的话完全抹煞，但它们的伤害会被降低，孩子也将在父母的行为中学习到如何使用成熟的方式来处理怒气。

用肯定的言语代替挑剔的言语

当父母对少年求全责备、挑剔指责的时候，无意中也是在激发孩子的反感、不满和对抗，在适当的时候，孩子会迫不及待地挑剔父母，做出反击。反之，如果父母之间经常相互赞美，并经常给予孩子肯定，那么，孩子也会愿意主动完善自己，努力成为更好的自己。

发现孩子做得好的地方并称赞他，要比逮住孩子做错事并教训他难得多。经常指责孩子的父母，在某种程度上也是怕麻烦的父母。为了引导孩子的发展，父母必须改变自己，用肯定、鼓励和赞美去引导孩子发展对他有用的特质。

对十几岁的少年，肯定和赞美必须真实、恰当，不能泛泛而谈，不能言过其实。否则，少年会将它当作是父母讨好自己的话，从中感受到的不是父母的爱，而是某种程度的虚伪。如果父母肯真诚地赞美少年，那就有希望将家人之间的挑剔模式变成肯定模式，有一天，父母也会从孩子口中得到赞美和鼓励。

父亲要教孩子学会尊重母亲

七年级的孩子对妈妈的挑剔特别严重，很多孩子认为，妈妈所说的、所做的任何事情，都是不可理喻的。但他们与爸爸的对抗要比妈妈缓和很多，一方面是因为爸爸离他们更远，另一方面，爸爸通常也更有权威。

当孩子对妈妈大吼大叫，说话不敬的时候，爸爸需要站出来，严肃地告诉孩子"不要用这种腔调和妈妈讲话"。如果爸爸能够真正关心、尊重妻子，那么，在孩子心中，爸爸也就更具有威望。这样，每次孩子和妈妈发生冲突的时候，爸爸的话就能起到一定作用。

回顾与思考

1. 促使青少年追求平等关系的因素有哪些？

2. 如何把握与七年级少年间的亲子关系？结合本课内容，思考自己的亲子关系是否过于亲密或者过于疏远。

3. 要改变七年级孩子过于挑剔的毛病，父母可以从哪些方面入手？

8

第 八 章

过健康、有趣、负责的生活

1. 健康行为的塑造期

青少年期对形成健康行为非常关键，许多不良健康习惯都开始于青少年阶段。而青少年期形成的健康模式，如有规律的锻炼、低脂的食物偏好等，不仅能产生立竿见影的健康收益，也有助于延缓或防止成年期各种慢性疾病的发生。

然而，在青少年阶段，孩子们往往又特别不注重健康，因为他们正处在身体机能的顶峰，无论是在力量、体能还是健康方面，都会产生一种优越感，认为自己不会受疾病的影响，即使生病，也能迅速康复。因此，许多青少年毫不在意不良生活习惯的影响，任由自己形成不健康的生活习惯也就不足为奇了。

在少年阶段，年轻人普遍的健康问题是：有不良的饮食习惯，睡觉越来越晚，将太多时间用于电子产品，以及开始尝试抽烟。

对食物的自我控制不佳

少年正处于生长发育的旺盛时期，需要适量增加营养物质的摄入，以适应生长发育的变化。通常，七年级少年的食量已经相当稳定了，吃饭时通常会吃得很香甜，所以，父母基本不用担心他们会吃得太少。

"垃圾食品"是父母特别担心的问题，奶茶、含糖的饮料、冰淇淋、甜点、薯条、炸鸡等青少年喜欢的零食，往往含有大量的人工色素和人工香精，营养价值不高。这些食物不仅是导致很多青少年肥胖的罪魁祸首，还会引起青少年的情绪问题，一些研究发现，无化学添加剂的饮食，有利于青少年情绪平静下来。

由于少年常常和朋友聚在一起吃零食，所以他们对零食的选择和购买，在很大程度上会受到朋友的影响。虽然有些少年已经知道应该少吃甜食，但能够这样做的并不多。

睡眠不足是普遍问题

睡眠不仅让人消除疲劳，产生新的活力，还有助于人们抵御疾病，提高免疫力。

初中少年在睡眠方面的问题是睡得越来越晚，睡眠时间不足。有时候是因为作业多而晚睡，有时候则是因为自己磨磨蹭蹭。初中少年每天至少应睡足 9 个小时，但有不少父母和孩子并没有把睡眠当回事，认为为了学习少睡点儿没关系。事实上，睡眠不足的危害甚大。睡眠不足的少年更容易烦躁、精神萎靡、注意力不集中、记忆力减退，如果长期睡眠不足，脑供氧就会缺乏，脑细胞就会受伤，脑功能就会下降。

所以，从七年级开始，适应新的学习要求，帮助孩子尽快养成良好的作息规律，对于整个中学阶段的学习和生活非常重要。

少动多静成少年生活常态

中学阶段是人一生中身体素质和基础运动能力形成的重要阶段，即使不是运动员，普通人在日常生活中也需要具有走、跑、跳、投、攀爬等多项身体运动技能以维持良好的体质。而在青少年时期掌握越多的运动技能，越有利于其成年后喜爱体育锻炼。

按照世界卫生组织的建议，每周参加30分钟中等强度身体活动的次数应不少于5次，或者参加高强度身体活动的次数不少于3次。但是，目前，大约40%的初中学校每周体育课课时不足3节，而且体育课的运动强度也并不大。在校外，青少年运动不足状态尤为严重，作业、玩游戏、上网占据了越来越多的时间。青少年几乎没有体育活动时间，更难以形成健康的运动习惯。

很多青少年已经为运动不足付出了惨痛的代价。现在青少年越长越高，也越长越胖，但身体素质却不如从前了，主要原因就是运动量不足。全国学生体质监测显示，近25年来，我国学生体质持续下降，肥胖率持续走高，近视率居高不下。缺乏锻炼所带来的更严重的危害并不会立刻显现，而少动多静的生活方式一旦形成将很难改变。

鼓励孩子爱上运动，用崭新的生活方式迎接初中生活的开始吧！

13岁时吸烟率激增

青少年吸烟是一种严重危害身体和心理发展的健康风险行为。"少年难过吸烟关"，多数人尝试吸烟始于少年时代，其中不少是在15岁以下。约有一半的学生尝试吸烟的原因是好奇，尝试吸烟率和吸烟率分别在13岁和16岁呈现剧增趋势。

少年开始吸烟往往是受同伴和父母影响。当少年感知到同伴开始出现吸烟行为、父母对吸烟的态度变得纵容时，少年更容易开始吸烟。另外，少年正处于人生的独立和反叛期，他们的自我意识高涨，当他们追求独立和自主的需要无法得到满足时，一些少年会试图通过吸烟来达到追求成人感的目的。

小贴士

中国青年政治学院青少年健康研究中心发布的一份《国内外近30年青少年烟草使用流行趋势》报告显示，国内青少年群体在烟草使用方面目前正呈现三个特点：

一是我国青少年吸烟以男性为主，但女性青少年吸烟率呈现上升趋势；

二是青少年吸烟率农村高于城市，且"尝试吸烟"和"现在吸烟"具有明显的地域差别；

三是青少年"尝试吸烟"年龄逐渐提早，且随年龄增长呈明显上升趋势。

选择健康的零食

少年往往需要在两餐之间吃点东西，这并不是什么不恰当的需要。比吃东西的时间或地点更重要的是，对食物的选择。新鲜的水果蔬菜及全麦食品含有大量的蛋白质和能量，是少年日常饮食所必需的。

零食大致可以划分为三个等级。第一级是优选级，主要包括水果、坚果、奶制品等，是蛋白质和维生素的极佳来源，是很好的零食选择。第二级是条件级，主要包括巧克力、鱼片、海苔、果干等，这类零食虽然营养丰富，但往往含有较多的热量、糖或盐，作为零食要适量。第三级是限制级，主要包括果冻、膨化食品、腌制食品、油炸食品，这类零食含有较多的添加剂，不建议作为零食食用。七年级少年应学会看食物的配料表、营养成分表，做出健康的选择，形成健康的食物偏好。

形成新的作息规律

进入初中后，少年需要形成新的作息规律，就寝时间和起床时间要基本固定，这样才能保证良好的睡眠。初中生最好在晚上9点半之前上床睡觉，并保证每晚至少9小时的睡眠时间。初中生的日常作息管理应由他们自己来完成，父母可以指导他们制订每日时间安排表，让时间安排表来引导孩子的作息行为，而不是父母每天催促或强迫。父母也应尊重孩子的时间安排，在孩子该睡觉的时间营造良好的睡眠环境。

培养全家人共同的运动爱好

父母和孩子共同参与体育活动，不仅能培养孩子的运动兴趣和运动习惯，还能增进亲子之间的沟通，对于缓解青春期亲子之间的紧张关系大有裨益。适合全家一起参与的运动方式有很多，比如周末全家一起去郊外远足或露营，夏季去游泳，冬季去滑雪、滑冰，网球、羽毛球、乒乓球等球类运动也很适合全家共同参与。全家一起运动要去除"体质""健康"等功利目的，创造自由、放松、愉悦的休闲运动体验，这样才能让全家人都乐于参与到运动中来。

拒吸第一支烟

吸烟对健康的危害已经举世公认。父母是少年吸烟行为的第一责任人，很多少年第一次吸烟是在父母的影响下发生的。父母吸烟尤其是母亲吸烟，或者父母对吸烟抱以宽容或无所谓的态度，少年就会禁不住效仿长辈，偷偷尝试吸烟。所以，在家庭中，父母要做好表率，建立无烟家庭。

有效避免少年抽烟的策略，不是让他们了解相关的医学信息，或者试图用肺部的图像吓唬他们，而是要改变他们对吸烟行为的认知，让不吸烟成为他们的自觉选择。要让他们知道，吸烟并不代表成熟，吸烟跟男子气概没有任何关系，吸烟也不能帮助他们维系友谊。同时，还要教会他们识别并抵制同伴的压力，当有同伴让自己吸烟时，要果断拒绝，可以说："对不起，我不想抽烟。"也可以委婉拒绝，比如："我对烟过敏。"

2. 休闲趣味的培养期

休闲是现代人重要的生存和生活方式，与人们的生活质量和幸福感息息相关。休闲需要学习，如果没有教育少年如何很好地休闲，那么，他们的自由时间将消磨在诸如电子游戏、电视娱乐等消极休闲上。在少年时期，如果培养了较多的休闲技能和较好的休闲习惯，将会受用一生，生活也会因此多姿多彩。

休闲生活被电子产品绑架

不少父母抱怨，在和家人、朋友聚会时，刚上初中的少年总喜欢默默地坐在角落里，所有注意力都集中在手机、平板电脑上，对聊天的内容漠不关心，仿佛与大家生活在不同的空间里。电子产品挤走了应有的情感交流。

其实，何止孩子如此，大人们又何尝不是手机不离手？每日强迫症般地刷朋友圈，10分钟不看手机就觉得错过了什么重要信息……手机和网络的飞速发展，深刻地改变了人们的休闲生活。网络聊天取代了面对面的聊天，电子游戏取代了身体活动，视听娱乐填满了闲暇时间。孩子们越来越不会玩，大人们也越发觉出生活的枯燥。是时候将休闲教育提上重要日程了！

休闲是必不可少的成长教育

休闲对少年之所以重要，是因为休闲和营养、居住环境一样，都是他们发展不可缺少的因素，是帮助他们身心机能恢复正常的重要手段，对于促进少年智力、个性等方面的成长有着不可估量的价值。

休闲的根本价值在于个人自由自主的活动。由于休闲是完全自主支配的状态，因而为少年的全面发展提供了更广阔的空间。少年可以根据自己的兴趣、爱好、愿望等自主地进行适合自己的活动，形成自己的个性。同时，少年在自由自在的闲暇活动中发展协商、分享、合作、自我控制等社交技巧，也在闲暇活动中锻炼身体，发展个人技能。闲暇还给少年提供了充分的独处和思考时间，少年在闲暇生活中通过自我反思和自我塑造，丰富对生命的体验，构建自己的精神世界。

休闲与学习不矛盾

升入初中后，学习在少年生活中的重要性日益凸显，学习压力越来越大，课业负担越来越重，闲暇时间不可避免地受到挤压。中国青少年研究中心的调查表明，初中生闲暇时间不足的情况尤为严重，在学习日，近六成初中生闲暇时间不足 1 小时，休息日也有 1/4 的初中生闲暇时间不足 1 小时。

初中少年缺少闲暇时间，在很大程度上是因为，成年人希望他们把所有的时间都尽可能用在学业上。在大多数成年人眼中，休闲和学习是对立的，休闲只会耽误孩子的功课，消耗他们的意志。

漠视休闲的观念必须得到扭转，一方面，延长学习时间并不能提高孩子的学习能力，反而可能因为过重的心理压力，扼杀孩子的学习兴趣和自信心，导致他们无法正常学习甚至患上身体或精神上的疾病。另一方面，休闲和娱乐是帮助孩子恢复正常身心机能的重要手段，有助于孩子的身心健康、人格完善和精神丰富。

休闲不应执着于功利目的

休闲的基本内涵是"自在生命的自由体验"，如果休闲附加了功利目的，便很难让参与其中的少年获得畅快、愉悦的心理体验，很难产生自由感和美好感。因此，休闲生活必须是自由的、自主的。

家庭休闲的价值取向是多维的，有文化的、教育的、审美的、健美的、道德的、创造的、超越的。而对于家有少年的父母而言，家庭教育很自然地会贯穿于家庭休闲中，如果不能把握住休闲的真谛，走向极端，则很有可能把休闲演变成课外教育，不仅不能给孩子带来放松和愉悦，反而成为孩子苦不堪言的负担。

著名教育家马卡连柯说："家庭教育的实质根本不在你与孩子的谈话，也不在于你对孩子的直接影响，而在于组织你的家庭、你的个人生活和社会生活，在于组织孩子的生活。"精心地组织家庭休闲生活，当是家庭教育的极高境界。

用网络创造生活

互联网对人类生活方式的改变是无法逆转的趋势。这就要求父母和孩子要能够驾驭互联网，利用互联网丰富休闲生活，拓展生命的长宽高，而不是被其绑架或束缚。

少年是极具创新精神的群体，少年与互联网的碰撞，必然能激起创造的火花。父母不妨鼓励少年把互联网当作创造的工具和展现的平台，在闲暇时间，创作文章、随笔，制作音频、视频、短片等，让少年的网络生活丰富起来、活跃起来。

如果父母希望孩子不要手机时刻不离手，那么很简单，只要您自己肯放下手机就好。父母只要以身作则，孩子自然也能形成良好的电子产品使用习惯。

读书让少年感受生活的美好

读书无疑是当今备受推崇的休闲方式，初中生的阅读尤其重要。

少年有强烈的自我认知需求，而读书正是少年反思自我、提升自我的极佳途径。

刚步入中学校门的学生，大多稚气未脱、充满幻想，他们喜欢阅读一些充满了奇思妙想和惊险情节的书籍，童话、探险、科学幻想、武侠侦探类书籍最受他们的欢迎。到了初中高年级，他们希望了解人生，了解爱情，了解复杂的人际关系，反映社会、人生、爱情，充满哲理和思考的书籍成了他们阅读的主要对象。

一般来说，初中生对课外书籍的偏爱，往往是以自己对某门功课的喜爱为基础的。比如，喜爱历史的同学，往往爱读历史故事；爱好数理化的，则喜欢科学家传记及科普读物；爱好语文的，大多喜欢阅读文艺作品。许多人正是在中学时期有着自己的阅读爱好，形成了自己的阅读个性，从而奠定了未来职业选择的基本取向。

阅读是个性化的、自主的行为，但阅读品位的提升同样也需要父母的引导。父母可以通过推荐阅读、分享阅读、亲子共读，帮助少年打开阅读世界的大门，借助书籍向少年展示生活的美好，激励他们追求真善美的生活。

小贴士　推荐阅读

《中学生阅读行动指南》：2013 年 4 月 23 日，由中国教育学会中学语文教学专业委员会、北京大学语文教育研究所、北京语言大学、中国教育报、商务印书馆联合发布《中学生阅读行动指南》，该书目分初中、高中两部分，涉及文学、历史、哲学、科学、社科、艺术、博物七大领域，每个领域又分为基本书目和拓展书目，共计 153 本。

走进自然

大自然对少年有着无穷的吸引力。他们渴望在自然中放松身心、陶冶性情、启迪心智。少年的心灵深处对自由有着极度渴望。自然能让他们感觉到世界的广袤巨大，感悟身心的自由，同时也让他们学会谦卑，这样的体验一旦被整合到一个人的性格中，会使他变得健康、强壮。

父母应多为少年创造与大自然亲密接触的机会，无论是在家中种植花草、饲养小动物，还是走向郊野，感受日出日落、花开花谢，都有助于少年逐渐走上探索自然与探索自我的发现之旅。以亲近自然为突破口，家庭生活和家庭教育将更具开放性，从而培养充满自信心和创造性的，既有敏锐感受能力又会理性思考的完美少年。

让艺术活动成为休闲的重要部分

不少孩子从小就开始学琴、学画画、学舞蹈，接受专业的艺术教育，但他们所接受的艺术教育大多带有很浓的功利色彩，追求考级、升学、特长的速成。升入初中后，艺术特长的加分功能失效，孩子再也不碰琴、不画画、不跳舞的现象并不少见。究其原因，重功利、轻审美使孩子的艺术活动走入了误区。

小贴士

美育之目的在于陶冶活泼敏锐之性灵，养成高尚纯洁之人格。我们每每在听了一支歌，看了一张画、一件雕刻，或是读了一首诗、一篇文章以后，常会有一种说不出的感觉；四周的空气会变得更温柔，眼前的对象会变得更甜蜜，似乎觉到自身在这个世界上有一种伟大的使命。这种使命不仅仅是要使人有饭吃，有衣裳穿，有房子住，他同时还要使人人能在保持生存之外，还能去享受人生。

——蔡元培

艺术教育的根本是培养人感知美、鉴赏美、创造美的能力，促进身心的和谐发展。初中少年内心世界日益丰富，情感更加细腻，尤其需要美的感受、熏陶和滋养。父母应摒弃艺术教育的功利倾向，鼓励孩子多和朋友去美术馆、博物馆、音乐厅度过休闲时光，带领孩子从美化家居环境开始美化生活，让孩子在艺术中获得多角度、多方面、多渠道的情感体验，为其终身热爱艺术、热爱生活打下良好的基础。

让营地活动成为少年的生活方式

艾斯纳担任迪士尼公司总裁长达 21 年，他曾经力挽狂澜，使迪士尼的市场价值从 30 亿美元激增到 700 亿美元。有人认为他的成功源于"普林斯顿大学和哈佛大学的读书经历"，但在艾斯纳眼里的主

要教育却是儿时参加的夏令营！为此，他写了《夏令营中的人生智慧》一书，说明夏令营的很多小事都积累升华成他的人生观，成为他生活的信条，成为他人生阅历背后的一种积淀。

近年来，营地教育在国内也得到广泛开展。营地教育往往以亲近自然、鼓励探索、培养能力、促进社交、丰富人生为宗旨，颇具吸引力。每到假期，各种夏令营、冬令营、游学营、亲子营等令人眼花缭乱，要为孩子选择一个高质量的营地父母需要多花一些心思。

首先，父母需要评估营地的风险管理水准。营地，应该是"一个足够安全的让孩子去探险的地方"。能主动向父母呈现安全预案的营地是值得信赖的，这说明他们已有充足的安全意识，并为此做好了充足的准备。

另一项需要父母判断的是课程的风险管理。既要让孩子有机会面对、体验到风险，又要保障孩子的安全，这样的营地才是有价值的。

接下来父母要考虑的就是营地课程的内容和水平了。父母之所以把孩子送到营地里去，是为了让他们走出"舒适圈"，进入"学习圈"。如果课程的内容和水平都是孩子舒舒服服就能完成的，那就没有价值了。优秀的营地会和父母一起来为孩子选择适合的主题、适合的层级。

最后，有一个最直观的判断方法——"人"。营地再精美、课程再完善，都不是营地的核心。孩子去到营地最大的价值是和营地的导师、志愿者，当然还有同去的孩子相处。和大家在一起玩、一起生活、一起哭、一起笑，这才是营地的精华。如果说营地教育是一个大蛋糕，那么课程就是镶嵌在上面的水果、巧克力，而日常的生活和交往则是蛋糕的主体部分。父母选择营地的时候，可以关注营地团队成员，他们笑得是否灿烂，他们有没有"看到"孩子，他们是否热情投入，他们的生命状态是否丰满。

对，选择一个有笑声的营地，这就对了。

3. 责任品质的形成期

责任感是做人的基础。对于正在经历着身心急剧变化的少年来说，以责任感为核心的人格品质对其健康成长至关重要。作为一种积极的情感，责任感能够促使少年承担起分内之事，并尽力完成。责任感推动少年主动、积极地调节情绪，适应环境，改善人际关系，加强人格修养。

然而，在过去的 20 年间，青少年对自身的幸福越来越关注，但对他人福祉的关注却有所下降。青少年群体中出现了一些责任感缺失、错位的现象。在家庭生活中培养少年的责任感刻不容缓。

一屋不扫，何以扫天下

孩子上了初中后，父母特别难以忍受的可能就是他们乱糟糟的房间。孩子整天嚷着自己长大了，不让父母管，可是却连自己的房间都收拾不好，换下的衣服扔得到处都是，桌子上摆满了各种书本、玩具，甚至吃过的零食袋也不肯丢到垃圾桶中。

事实证明，经常做家务的孩子，往往在长大后更具责任感，在生活和工作上表现得更为出色。而不做家务的孩子可能代价巨大：如果一个少年什么事都依赖家人，凡事"等、靠、要"，遇到一点儿麻烦就六神无主，手忙脚乱，这势必阻碍其自主性的发展。

教育家马卡连柯根据自己的教育实践经验指出："培养一种认真的责任心是解决许多问题的教育手段。没有责任心就不会有真正的工作。"在家庭生活中，从家务劳动开始培养少年的责任心，是促进七年级少年发展的重要途径。

少年家庭角色需重新定位

所谓家庭责任，就是一个人对待家庭其他成员的时候，能够承担责任履行义务的自觉态度。

少年的家庭责任，是由他在家庭中"扮演的角色"所决定的。常有人说现在的孩子是"抱大的一代"，是"温室的花朵"，在父母面前，他们的"角色"是受保护的对象，处于被照顾的地位，凡事有父母代劳，过多的关心、保护，必定养成孩子依赖的心理。从这一点来说，与其说他们是缺乏家庭责任感，不如说是家庭角色定位缺失。

在传统的中国大家庭中，宗法制度森严，长者在家庭中居统治地位，家庭成员从家庭制度中明确自己角色地位。而在现代社会，大家族式的家庭结构已经解体，三口或四口之家已经成为主要的家庭模式，家庭成员之间的关系更为平等、民主。

要在民主平等的家庭氛围中培养青少年的责任意识，就必须要对他们在家庭中的角色地位进行重新定位，让他们明白自己是家里的一个主人，是与父母平等的一个家庭的成员，理应为家庭奉献。

培养少年责任感的三个层次

责任感包括责任认知、责任行为和责任情感三层涵义。

培养少年的责任感，首先要提升他们的责任意识。少年成长的过程也是他们逐步承担更大责任的过程，由对自己负责逐渐扩大到对家庭负责、对他人负责、对社会和国家负责，这是责任意识的深化，也是生命意义的升华。

其次，要由责任意识转化为责任行为。父母要为少年提供履行责任的机会，不要大包大揽，要让少年生活上自理，他们才能自立；此外也要让他们承担家务劳动，履行家庭义务。

最后，在履行责任行为的过程中，少年体验到自豪、心安、欣赏、同情、满足等情绪，积极情绪的积累，使得责任感得以增强、巩固、深化，并逐渐内化。

培养责任感，从家务劳动开始

2016年，一位上海男孩被美国"十校联盟"之一的希尔中学录取，原因竟是"爱做饭"。据该校校长透露，这位上海男孩既不会弹钢琴，也没有体育运动特长。他把自己做饭菜的过程拍成了视频，如何调酱，如何切肉，这些真实而生活化的一面打动了学校，最终

被成功录取。希尔中学的校长这样说：顶尖高中青睐的学生，除了学业成绩优异之外，还必须是一个有特点、有热情、有兴趣、有恒心的人。

做饭不仅仅是生活技能，更体现着对生活的热爱。上海男孩之所以被美国著名中学录取，校长看重的正是少年对生活的热情。热爱生活的人，往往更投入、更好奇、更执着，对自己和他人更有责任感，能够以积极的心态去面对生活。

除了做饭以外，七年级少年已经有能力做好很多家务，比如收拾房间、打扫卫生、洗碗做饭、倒垃圾、洗衣服、动手修理，以及短时间照看弟弟妹妹。但是，对于没有养成做家务习惯的少年，父母不要期望他们会热爱做家务，"威逼利诱"或"唠唠叨叨"也没有什么效果，父母需要给他们一些自由来选择想做的家务。可以通过家庭会议来安排家务分工，并让少年了解如果不完成会有什么后果。此后，需要在每周的家庭会议上，对家务完成情况进行总结，找出做得好的地方，给予肯定，对做得不好的地方，分析原因并制定改进措施。

会做家务的人，往往能够在劳动中感受到生活的乐趣，善于也乐于通过劳动来营造有情趣的生活。爱生活的父母，会带领少年一起用劳动美化生活，比如，自己给居室刷墙，用自己的妙笔增添一道风景；种植各种各样的花草，让家中保留自然的气息；自制礼物送给家人，留下爱的回忆。学会在日常生活中创造美，少年的生活也会多一些"小确幸"（小而确实的幸福，年轻人使用的一种网络语言）。

回顾与思考

1. 塑造七年级孩子的健康行为，父母应从哪些方面入手？

2. 给孩子选择一本好书，培养孩子喜爱阅读的休闲生活方式。

3. 怎样通过家务劳动培养少年的责任感？

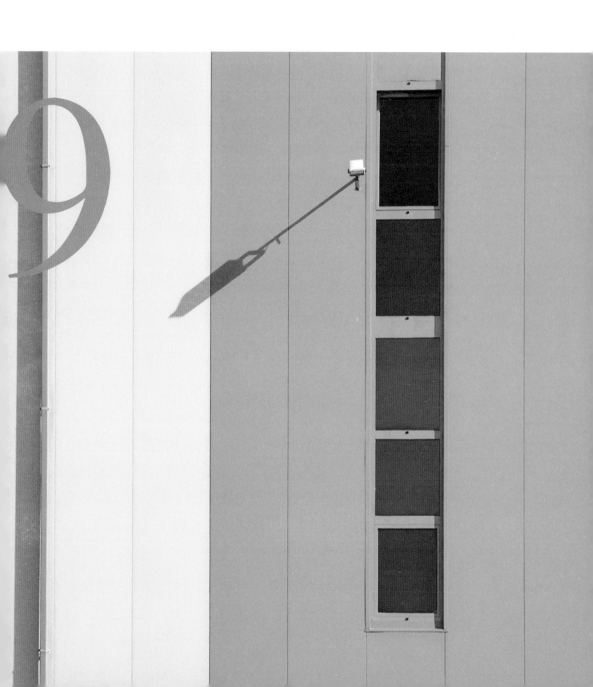

第 九 章

你问我答

1. 孩子成绩一般，该不该当班干部？

儿子在一所普通中学上七年级，担任班长和体育委员。平时班里的一些事情都由班长来处理，经常开班会、检查卫生、维持班里的秩序等，再加上他还担任体育委员，占用了很多学习时间。他的学习成绩在班里还可以，但跟重点学校的学生相比，差距还是很大的。我想让他集中精力学习，提高学习成绩，不再担任班干部。不知这样做是否合适。

一般来说，父母都会鼓励小学生当班干部，认为这是锻炼孩子能力的一种重要途径，可以锻炼孩子的组织能力、语言沟通能力、协调能力及处理问题的能力，增强孩子的自信心、责任感和参与意识，等等。但升入初中后，随着学习任务变得越来越重，有些父母就不太希望孩子继续当班干部了，担心会影响孩子学习，得不偿失。

不难理解，在父母的心目中，孩子自身的发展永远是第一位的，当班干部有可能对学习造成影响时，放弃便成为顺理成章的选择。

当不当班干部，父母需要和孩子充分地讨论。首先要认清当班干部的真正意义——是在为同学服务、为班级服务的过程中，使自己得到锻炼。服务和奉献是第一位的。其次，要促使孩子思考自己的真正需求是什么，是否愿意花时间承担公共事务，继续做同学的"代言人"。第三，还要对每种选择可能带来的结果做出预设和判断，考虑好如何应对做出选择之后可能带来的影响，比如，如果当班干部会减少学习时间，那么该如何去应对等。经过充分的讨论之后，如果孩子做出了选择，父母要尊重他的决定，并在需要的时候为他提供支持。

2. 孩子上七年级了，学习成绩与小学相比有落差，怎么办?

孩子在小学时，学习很好，经常拿第一。上了初中后，学习也非常刻苦，但是孩子上的是重点班，班里的同学都是来自各个小学的尖子生，竞争激烈，压力很大，孩子也不那么出彩了。如果没考第一，孩子就会感觉被别人议论，心里很难受，父母该怎么引导呢?

初中是新生活的起点，孩子期待在初中有好成绩，成为学习好、受人尊敬的人，这是追求进步的表现。但是，如果过于在意结果，把同学视为竞争对手，则会导致过于关注别人，过分在意别人的评价，从而失去自我，丧失自信，迷失自我发展的方向。自我评价的波动最可能发生在 12 至 14 岁之间，因此，父母要特别注意引导七年级孩子的自我评价。

一方面，父母要克制自己的虚荣心，不要把孩子当作炫耀的工具，也不要老拿别人的孩子跟他们比，责怪孩子怎么总是不如人。所谓"人比人，气死人"，在比较中长大的孩子，更容易受挫，感受不到父母的爱和尊重，长久下来，往往更缺乏自信，与同学之间习惯相互猜忌，彼此对立，缺乏同情心和合作意识。

另一方面，父母也要引导孩子学会自我肯定，给自己设置合理的目标，"跳一跳，够得着"，从而在实现目标的过程中，不断地自我突破，体验成功，逐步建立起稳定合理的自我评价。

当然，父母还要关心孩子是否在学习上遇到了困难。七年级的学习跟小学有很大不同，对学习方法和学习能力提出了更高要求，适应新老师的讲课方式也对孩子提出了挑战。因此，刚开学时，父母对孩子学习的关心要更加具体，可以一起讨论初中学习和小学相比有什么变化，初中老师的授课方式有什么不同，自己的学习方式是否能够适应老师的授课习惯，等等。在讨论中，启发孩子找出自己学习方面存在的问题，并及时做出改变。

3. 儿子个头不高，被同学嘲笑，怎么办？

儿子刚上初中，因为个头不高，又有些胖，经常被班里同学嘲笑，还被送了不雅的外号。一开始，我们以为不过是同学之间相互开玩笑，并没有当回事，还告诉儿子不要太小气。结果，事情好像越来越严重，儿子渐渐变得沉默寡言，每天忧心忡忡的样子，成绩也开始下滑。我想去学校找老师谈谈，儿子却死活不让我去。该怎么办呢？

不少成年人以为，孩子之间相互起外号、开玩笑，无伤大雅，但事实并非如此。这种以闹着玩开始的游戏，可能会变本加厉，最终会演变成恶劣的校园欺凌事件。一开始，可能只是一两个同学去取笑另一个同学的相貌、缺点，看到同学生气的样子，他们觉得好玩，于是继续嘲笑他。如果没有人出来制止，而当事人也一再忍让的话，这种行为就会反复出现，更多的同学加入嘲笑者的行列，被取笑的孩子渐渐就会被孤立。

所以，当孩子在学校遭遇语言暴力或排挤时，父母需要认真倾听孩子的诉说，理解孩子的感受，让他把委屈、难过统统释放出来。不要因为是男孩子，就一味鼓励他要坚强、要反击、要靠自己解决问题。这样做只会让孩子更加自责和退缩，造成严重的心灵创伤。父母应对孩子的处境表示充分的理解和包容，并告诉孩子，爸爸妈妈会陪他一起解决问题，从而给孩子注入勇气。

接下来，父母要和孩子一起寻找解决方案。有的孩子一旦恢复勇气，自己就会想办法把事情解决好。有的孩子可能希望父母去和老师商量解决问题。父母要尽量尊重孩子的想法，并注意观察孩子的情绪和异常反应。

受伤的心灵需要时间来愈合，更需要父母持之以恒的温暖和支持。父母还应鼓励孩子多参加活动，结交朋友，建立友谊。有了父母和朋友的支持，孩子一定能恢复健康积极的心态。

4. 孩子考试作弊，怎么办？

前几天，我接到老师的电话，说女儿期中考试作弊了，这让我很震惊，也很意外。这孩子从小一直很诚实，学习成绩也不错，怎么会考试作弊呢？女儿回家后，我很严厉地批评了她，跟她讲了作弊的坏处，可她还挺委屈地说："我看见班上好几个学习好的，考试的时候带了小抄，我不抄考不过他们。"现在的孩子怎么这样，难道都是环境的错吗？

的确，初中生作弊的现象时有发生。虽然作弊的直接原因都是为了获得好成绩，但其背后的原因也很复杂。

进入初中后，同学之间的竞争加剧，不少学生把同学当作"对手"，考试作弊成了他们的竞争手段。作弊严重破坏了公平竞争的原则，而初中生又特别在乎公平性，有时候为了追求所谓的公平，一些努力学习的学生也会加入到作弊的行列。还有些孩子则是因为平时不努力，为了避免父母惩罚，让父母满意，而采取作弊的手段。

作弊破坏了学习的风气，扭曲了孩子的道德观念，危及孩子的同学关系，需要父母加以关注和疏导。

父母首先要分析孩子作弊的原因，给孩子申诉的机会，允许孩子做出解释。切不可一听孩子作弊，就大发雷霆，一味指责孩子，甚至给孩子扣上"不诚实"的帽子。父母要反思自己是否过分看重孩子的成绩，从而将孩子引入"唯分数论"的误区。

然后，应和孩子一起分析作弊的危害，让孩子意识到，作弊是一种自欺欺人的行为，即使通过作弊在竞争中暂时领先，虚假的成绩最终仍会妨碍自己的发展。而同学是学习的伙伴，不是竞争的对手，只有不断超越自己才能获得真正的发展。

此外，父母还需以身作则，在生活中谨守诚信，遵守规则，为孩子树立诚信的榜样。"不用担心你的孩子们总是不听你的话，而应该担心他们总是在注视着你的一举一动。"

5. 孩子发育早，为身体变化而苦恼，怎么办?

女儿刚刚 12 岁，乳房发育特别早，才上七年级就已经发育得非常成熟，在班里的女孩中显得很突出。女儿为此很苦恼，故意穿上宽大的衣服，以便别人不注意自己。我很担心，这样是否会给她的心理造成不好的影响。

很多女孩希望尽可能长时间地保持孩童的天真和修长的身材，这会让她们觉得更自如。而如果比同龄人较早发育，往往会带来困扰。早熟女孩一般体重会更重，因而使她们对自己身体形象的感觉更差，自我评价更低。而且，早熟的女孩可能对乳房的发育还没有做好心理准备，也会带来适应上的挑战，她们往往会感到害羞。在一些传统的观念中，女孩发育得早甚至被认为是不光彩的事情，这些都会对她们的心理产生消极影响。

事实上，发育得早晚与人的性格没有任何关系，主要取决于父母的遗传。女孩应该知晓这一点，坦然接受身体的变化。

妈妈要特别留意自己对身体外形的态度，端正自己的审美观，才能将女儿引向健康的发展方向。还要帮女儿准备合适的文胸，尤其是运动的时候，不戴文胸会带来很多不适。要鼓励女儿坚持运动，这对于保持良好的身体形象，提升自尊很有帮助。

6. 我怀疑孩子早恋了，怎么办？

儿子上七年级，我怀疑他跟班上一个女同学谈恋爱了。有一天，我身体不舒服提前下班，回到家，发现儿子正和一个女同学坐在沙发上聊天。看见我突然回来，两个孩子都有些慌张，儿子解释说，女同学只是顺路来家里借参考书。没过两天，儿子和一个女孩手拉手在车站等车，正好被邻居看到。但儿子不主动跟我说，我也不好意思问他，怕误会儿子。我该怎么办呢？

孩子早恋，是很多父母头疼的老问题，甚至被有些人视为洪水猛兽。这位妈妈面对内心的怀疑，表现得冷静克制，没有贸然发问，是非常理智的做法。

青春期对异性的好感是非常自然的事情。爸爸妈妈只要回忆自己的中学时光，肯定会想起几个曾经令自己心动的异性。那是非常美好而珍贵的情感。爸爸妈妈可以与孩子分享自己的经历，告诉孩子这是很平常的事，不用压抑、隐藏自己的情感。如果能得到孩子的共鸣，孩子也会主动做出回应。但是，如果孩子不愿意说，不必强迫他，尊重孩子的隐私，留出秘密的空间，这对于孩子走向独立也非常重要。

比起确认孩子是否有爱慕对象，更重要的是让他知道与异性交往的规则与礼仪。比如，父母不在家时，不可以单独邀请异性同学到家里来；不要与异性同学到隐蔽的地方去；在公共场合，不能有过分亲昵的举动；与异性同学交往，要大方、诚恳，尊重对方；如果对某一位异性同学有爱慕之心，可以多一起参加集体活动，而不要过多地单独接触。另外，还需对孩子进行性教育，破除性的神秘感，学会正确对待性冲动和性压力。

关于恋爱与性的话题，不是一两次谈话就可以完全解决的。父母可以利用身边或社会上发生的事件，或是相关的新闻及电视剧的情节等，与孩子一起进行讨论，要多倾听孩子的看法，而不是抓住时机进行教育。如果父母和孩子能够做到畅所欲言，大大方方地讨论恋爱和性，那么，青春期孩子的性教育就不是什么难事了。

7. 我和丈夫想生二胎，但孩子反应过激，怎么办？

国家二胎政策出台后，我和丈夫都想再生一个孩子，让独生女儿也好有个伴。如愿怀孕后，13岁的女儿却非常生气。常常在家里说，如果生弟弟妹妹，她就跳楼。一开始，我们以为她只是说说而已，但最近她脾气越来越大，经常在家里乱扔东西，还威胁要逃学，要离家出走。我们跟她谈心也不管用，真不知如何是好。

十二三岁的少年对很多事情都有了自己的看法，关于父母生二胎，他们想法很复杂。有的少年担心弟弟妹妹抢走父母的爱，有的少年认为自己没办法跟小婴儿相处，有的少年担心父母的年龄和精力根本没办法照顾孩子，还有的少年以为父母是对自己不满意、不喜欢自己，所以才想再生一个孩子。父母总以为孩子是因为自私，才不想要弟弟妹妹，却不知少年的心事会如此复杂。

孩子也是家庭中的一员，弟弟妹妹出生后，必然会给大孩子的生活带来很大影响。所以，当父母有了生二胎的想法后，应该正式地告知孩子，跟他商量，认真听取孩子的想法，解答孩子的疑惑，共同面对即将到来的家庭生活变化，从而让孩子安心。如果孩子愿意，还可以一起想象弟弟妹妹出生后融洽的生活场景，并告诉孩子父母对他的爱不会因为弟弟妹妹的到来而有丝毫减少。

对父母生二胎态度强硬的孩子，一定有她的心结所在。父母不可以指责孩子，反而要比以前更加疼爱她；要站在孩子的角度，体谅她的感受，接纳她的情绪，给她时间去慢慢接受。只有父母无条件的爱，才能打开孩子的心结。在给即将到来的宝宝准备礼物、布置房间时，千万不要忘了为大孩子也准备一份。怀孕的母亲精力有限，需要父亲给女儿更多的关注，多拥抱她，带她去看电影，真诚地赞美她，创造一些父女二人的私人时间，父亲的爱会让女儿更自信、更安心，慢慢地，她会敞开心扉接纳即将到来的弟弟妹妹。

8. 孩子过于内向，不敢问问题，怎么办？

我女儿小学升初中了，学习难度突然增加，数学学起来有些吃力，成绩徘徊在 60 分左右。这孩子性格很内向，不会的地方也不敢问老师。我们问她："你问老师时，老师要骂你吗？"她说："不。"又问："老师显得很不耐烦吗？"她说："不觉得啊。"再问她："你不敢问老师，你有什么顾虑吗？"她说："不知为什么，就是不敢去问。"该怎么办啊？

进入初中之后，由于学校变大了，学生变多了，一个老师要同时教好几个班的学生，致使老师和学生之间的个人接触较少。所以，一些学生和老师说话、接触时，会表现得拘谨、胆怯、不自然，甚至一些学生会对老师的威严产生恐惧感，害怕和老师说话，更不要说问老师问题了。

还有些孩子进入初中后，由于自我意识觉醒，总是担心自己的问题太简单，担心自己的想法太幼稚，担心提出"傻问题"而被老师和同学嘲笑，因而有问题也不问，导致问题越积越多。

针对性格内向的孩子，父母在家庭中要营造更加宽松、愉快的氛围，要让孩子觉得父母亲切、可信赖，而不是疏远、畏惧；要鼓励孩子的自主性发展，而不是培养服从、唯唯诺诺、胆小怕事的性格；要让孩子敢于去尝试、去犯错，而不是因为害怕而避免去做什么。

父母要让孩子明白，老师和父母一样都是普通人，对老师要尊敬、有礼貌，但不用害怕。要鼓励孩子私下里多和老师交流，不一定是学习问题，自己的兴趣爱好或想法也可以和老师聊一聊，与老师的个人接触越多，敬畏感就会越少。

初中生需要学会"发问"。他们的抽象逻辑思维逐步发展，思维的灵活性、批判性在稳步发展。"发问"是他们对自己想法的梳理，是思考逐渐深入的过程。父母要引导孩子认真地提出问题，在发问前，先在头脑中将问题阐述清楚。好的提问者必定是好的思考者。

对于孩子并不擅长的数学，父母还要与数学老师多沟通，主动向老师介绍孩子的性格特点和学习情况，寻求老师的建议和帮助。同时，鼓励孩子通过积极的自我暗示来调节数学学习的消极情绪，通过制定合理的阶段性目标来体验数学学习的成功，以提升数学学习的积极性。

9. 孩子与父母交流越来越少，脾气还越来越大，怎么办？

我是一个 13 岁男孩的妈妈。我先生工作特别忙，经常出差，孩子从小到大几乎是我一个人带大的。儿子上初中后，跟我说话越来越少，每天回到家就把自己关到屋里，叫都叫不出来。我让他做什么，他从来不听，还经常冲我发脾气。看着长得又高又壮的儿子，我意识到，应该让先生多管管孩子了。可他却说，没教好孩子都是我的错。太令我生气了！我该怎么办？

在大多数家庭中，母亲承担着主要的教养职责。但身为女性，教育儿子似乎要困难得多。尤其当儿子进入青春期后，男性的特征愈加明显，母亲无法用自身的成长经历去理解儿子的特点、感受和需求，所以在家庭教育中往往感觉困难重重。

而父亲是男孩生命中最亲密、最直接的男性榜样，他可以用男性的方式回应儿子成长的独特需求。一个负责任的父亲身上所展现的责任感与男性魅力，是男孩成长中极其宝贵的养料。而如果缺少来自父亲的教育、保护和支持，男孩可能变得软弱、焦虑、易怒、缺少规则意识，在面对压力时，也更容易放弃。

但不幸的是，在家庭教育中，"父亲缺席"的现象非常普遍。由于传统观念和现实的影响，父亲在家庭教育上的参与，被主动或被动隔离、削弱甚至剥夺。一些父亲抵抗子女教育，是因为他们不知道如何陪伴孩子、与孩子交谈。

事实上，父亲未必是用语言与孩子交流，他可以用玩闹、运动与儿子交流。妻子可以多鼓励丈夫带儿子去运动，游泳、打篮球、踢足球、骑车、攀岩、钓鱼、远足等，都能让父亲和儿子在运动中发展父子关系，获得情感和精神上的满足。在儿子经历挫折或困难的时候，尤其需要父亲的鼓励和支持。要让儿子知道父亲为他骄傲，这是他自信的来源，使他在生活中勇于接受挑战，坚韧不拔。妻子可以给丈夫推荐一些教育青春期孩子的书籍，但不要挑剔丈夫陪伴或教育孩子的方式，以免打击他的热情。

父母一旦形成养育联盟，就能在教育青春期孩子的过程中，相互支持，用两性的视角更全面地关照孩子的成长。

10. 孩子沉迷漫画书，怎么办？

儿子今年上初中了，他平时特别爱看漫画书，我给他买了不少。因为我觉得漫画书也是书，看书是好事。但是，最近我渐渐担忧起来，因为他只看漫画，我给他买的《西游记》《三国演义》《红楼梦》等经典著作他连碰都不碰，还跟我说他对这些书一点儿也不感兴趣，甚至拿这些书太厚当理由，拒绝看。这该怎么办呢？

这位妈妈的担忧不无道理。阅读在人一生当中的重要性再怎么强调都不为过，但有良好阅读习惯的人少之又少。青少年阶段是连接儿童和成人的桥梁，是培养阅读兴趣和阅读习惯最后的机会，中学生的阅读品位，往往决定了他们今后阅读的方向和思维的深度。因此，父母有意识地提升孩子的阅读品位是有必要的，但不可人为拔高，而要从孩子当前的阅读水平和阅读兴趣出发，逐步提升。

孩子喜欢漫画是好的开始，不会读图与不会读书一样糟糕，漫画同样可以让孩子获得启蒙、想象和思考。从漫画出发，孩子也可以最终进入经典的世界。只是这个过程需要的是指引，而非限制或强迫。

鼓励孩子经常和朋友一起逛书店、图书馆是一个简便的策略。刚开始面对一架架图书，孩子难免还是会从熟悉的漫画开始。可以指导孩子从了解一位喜欢的漫画作者开始，阅读作者的介绍或传记，再逐渐扩展到对漫画史的阅读，从而将阅读引向深入。当孩子在书店或图书馆里度过一个个周末之后，他完全可能学会选择对自己有好处的书来读。他会自己选书、选喜欢的作者、选好的出版社，就如选择好朋友一样的精挑细选。

在数字时代，父母还需帮助孩子学会借助互联网挑选高品质的图书，和孩子一起浏览购书网站，通过阅读作者介绍、编辑推荐、图书目录、读者评论等，逐步提升孩子对图书的鉴赏力和阅读品位。

父母还可以精心挑选一些适合自己孩子阅读水平的书和孩子共读，在家庭中营造共同读书，共同讨论，一起享受阅读的氛围。同时通过和孩子的讨论，让他们重新认识阅读的意义，从而真正养成自主阅读的习惯。

11. 孩子对批评反应过大，怎么办？

刚开学不久，儿子因为做错了一件小事，他被班主任说了几句。没想到，孩子对此反应特别大，第二天竟然不想去上学了。虽然在我们的劝说下，他重新回到了学校，却常常出现焦虑、失眠的情况。这孩子小小年纪，怎么心思这么重，一点儿也不像个男孩子。

过于敏感的孩子，往往非常注重外界的评价，并因此变得保守而脆弱。在不知道如何面对挫折和失败时，他们就会把自己的心封闭起来，像个"蛋壳"。蛋壳非常严密，足以把他的短处隐藏起来；但它又非常脆弱，一点儿敲打，就可能被击碎。心理学家将其称为"蛋壳效应"。

在孩子保守和脆弱的"蛋壳"里面，是一颗极度缺乏自信的心灵。这样的孩子往往是在父母"这样不行""那样危险"的过度保护下长大，结果孩子缺乏生活的磨炼，变得害怕失败。

要让孩子走出"蛋壳"，父母需要给他自由成长的空间，放手让他自己去做事，自由去尝试，遇到困难和障碍时，独立去解决。可以为他创造机会去经历困难和挑战，比如去登山、徒步或远足，克服困难登上山顶的成就感就是孩子自信的来源。可以教给孩子自我激励的方式，比如在登山的艰难时刻，对自己说"再坚持一下""我一定可以坚持到底"，等等。孩子成功克服的挑战越多，他就会越自信，内心也就越强大。

主要参考文献

1. 斯滕伯格.青春期〔M〕.上海：上海社会科学院出版社，2007.

2. 林崇德.中学生心理学〔M〕.北京：中国轻工业出版社，2013.

3. 桑特洛克.青少年心理学〔M〕.北京：人民邮电出版社，2013.

4. 埃姆斯.你的13~14岁孩子〔M〕.南昌：江西科学技术出版社，2013.

5. 雷雳，马晓辉.中学生心理学〔M〕.杭州：浙江教育出版社，2015.

6. 姜爱玲.应对青春期叛逆行为，家长必学的19个法则〔M〕.天地出版社，2015.

7. 西格尔.青春期大脑风暴〔M〕.杭州：浙江人民出版社，2015.

8. 谢弗.发展心理学〔M〕.北京：中国轻工业出版社，2016.

9. 阿内特.阿内特青少年心理学〔M〕.北京：中国人民大学出版社，2016.

后 记

《这样爱你刚刚好》是自孕期开始至大学阶段一套完整的新父母教材，全套共20册，0—20岁每个年龄段一本。之所以如此设计，是基于向不同年龄孩子的父母提供精准专业服务的需要。与常见的家庭教育图书相比，它不是某一位作者的个人体会和心得，而是40余位国内家庭教育专家集体研究和讨论的结晶，具备完整、科学的体系，代表了我国家庭教育发展的主流。

全国政协副秘书长、民进中央副主席、中国教育学会家庭教育专业委员会理事长、新教育实验的发起人朱永新教授，最先提出了编写如此庞大规模的新父母教材的设想，并且担任了第一主编。我和新家庭教育研究院副院长蓝玫一起，与中国青少年研究中心家庭教育研究所所长、《少年儿童研究》杂志主编刘秀英编审，中国青少年研究中心少年儿童研究所所长孙宏艳研究员和上海师范大学学前教育系主任、博士生导师李燕教授三位分主编，讨论并确立了本套教材的编写框架。

在中国的家庭教育领域，已经有多种多样的教材或读本，但水平参差不齐，而决定质量的关键因素是编写思想与专业水准。因此，新家庭教育研究院联合中国青少年研究中心和上海师范大学一起组建高水平的专业团队，来完成这一重大而具有创新意义的任务。具体分工如下：由上海师范大学学前教育系承担孕期及学前教育阶段的编写任务，由中国青少年研究中心家庭教育研究所承担小学教育阶段的编写任务，由中国青少年研究中心少年儿童研究所承担中学教育及大学阶段的编写任务。

中学阶段的作者是：七年级，中国青少年研究中心少年儿童研究所副研究员赵霞；八年级，中国青少年研究中心原特约科研人员、北京师范大学在读博士王丽霞；九年级和高一年级，中国青少年研究中心少年儿童研究所所长、研究员孙宏艳；高二年级，中国青少年研究中心少年儿童研究所副编审张旭东；高三年级，中国人民大学附属中学教师杨卓姝。

我与刘秀英、孙宏艳和李燕三位分主编担任了审读与修改任务，在我突患眼疾的情况下，蓝玫副主编、首都师范大学副教授李文道博士承担了部分书稿的审读任务。第一主编朱永新教授亲自审读了每一册书稿，并提出了细致的意见，承担了终审的责任。

湖南教育出版社在黄步高社长的坚强领导下，不仅以强大的编辑团队完成了出版任务，而且创办了一年一度的家庭教育文化节，为推进我国家庭教育发展提供了强大的学术支持，展现了优秀出版社的远见、气魄和水准。

作为一个从事教育事业45年的研究者，我撰写和主编过许多著作，却很少有过编写新父母教材这样细致而艰巨的体验：从研讨到方案，从创意到框架，从思想到案例，从目录到样章，等等。尽管如此，这套教材还存在很多不足。同时我也深知，一套教材的使命，编写与出版其实只是完成了一半，另一半要依靠读者完成。或者说，只有当读者认可并且在实践中发展和创新了，才是一套教材的真正成功，也是对作者和编者的最高奖赏。

我们诚恳希望广泛听取读者和专家学者的批评指正，我们对您深怀敬意和期待！

孙云晓

2017年9月

著作权所有，请勿擅用本书制作各类出版物，违者必究。

图书在版编目（CIP）数据

这样爱你刚刚好，我的七年级孩子 / 朱永新，孙云晓，
孙宏艳主编. —长沙：湖南教育出版社，2017.11（2019.2重印）
ISBN 978-7-5539-5738-8

Ⅰ.①这… Ⅱ.①朱… ②孙… ③孙… Ⅲ.①初中
生—家庭教育 Ⅳ.①G782

中国版本图书馆CIP数据核字（2017）第214034号

ZHEYANG AI NI GANGGANGHAO，
WO DE QI NIANJI HAIZI

书　　名　这样爱你刚刚好，我的七年级孩子
出 版 人　黄步高
责任编辑　罗佳鑫　初虎林
封面设计　天行健设计
责任校对　鲍艳玲　胡　婷
出　　版　湖南教育出版社（长沙市韶山北路443号）
网　　址　www.bakciass.com
电子邮箱　hnjycbs@sina.com
微信服务号　极客爸妈
客　服　电话 0731-85486979
发　　行　湖南省新华书店
印　　刷　深圳当纳利印刷有限公司
开　　本　787×1092　16开
印　　张　12.25
字　　数　100 000
版　　次　2017年11月第1版　2019年2月第1版第3次印刷
书　　号　ISBN 978-7-5539-5738-8
定　　价　48.00元

如有质量问题，影响阅读，请与湖南教育出版社联系调换。
联系电话：0731-85486979